[第3版]
最新｜航空事業論
エアライン・ビジネスの未来像

井上泰日子
Inoue Yasuhiko
獨協大学特任教授

日本評論社

序　文

　本書は、航空事業についての教科書を目指したものである。航空を取り巻く環境の変化に応じて、前著『最新・航空事業論（第2版）』（2016年発刊）から、章の入れ替えも含め内容の多くを改訂している。本書における特徴、また各章の内容などは以下の通りである。

■本書の特徴

（1）航空輸送と航空機製造の両分野をカバー

　航空産業は、大手航空会社や近年急成長を遂げているLCCなどのビジネス領域である航空輸送とボーイング、エアバスなどのビジネス領域である航空機製造があり、通常単著で両方のビジネス領域をカバーすることはない。しかし、本書では、前著に引き続き両方の領域をカバーしている。何故なら、航空輸送産業と航空機製造産業は密接に繋がっており、一つの産業と言っても過言ではないからである。

（2）日本とドイツの敗戦後の占領政策や航空技術者の動きの違いに焦点をあてた

　「同じ敗戦国でありながらドイツはエアバスを牽引し、その中核で航空機を製造しているが、何故、我が国はドイツのように本格的に航空機を製造できないのですか」との質問を受けることが多い。

　この問いの第一の回答は、占領政策の違いである。冷戦開始を想定しドイツの技術を活かそうとした欧州と、そうではなかった日本の占領政策が今日の違いをもたらしている。第二の回答は、ドイツと日本の航空技術者の動きの違いである。敗戦国では航空機製造は禁止される。ドイツの技術者は自国で禁止されるなら、海外に行けば良いと考え海外で航空機製造を続けた。一方、日本の技術者は、国内にとどまり航空機製造への関わりは制限された。今日の社会では、日本の技術者や研究者が国境を越えて本来の職を続けることは稀なことではない。しかし、

70数年前に既に国境を越えて行動していた技術者や研究者がドイツにはいたのである。

(3) マーケティングの視点からの分析
　航空の領域も含めビジネスの世界を良く理解するためにはマーケティングの視点が不可欠である。第3章、第4章、第5章、第6章においては、特にマーケティングの視点からの分析を重視した。

(4) 「オープンスカイ政策」の原点
　航空の世界でもグローバルなレベルで自由化が進展している。航空事業における自由化政策は「オープンスカイ政策」と呼ばれる。我が国では、「オープンスカイ政策」は20世紀後半に開始された政策と考えられがちであるが、はるか以前、1940年代航空の重要性を真っ先に理解していた米国における議会での動き、そしてルーズベルト大統領主催の政策会議が、その方向性を固めた。よって、当時の状況を詳述することに努めた。

(5) 最後の章に「就活成功のヒント」を加えた
　本書の最後には、航空会社への就活成功のためのヒントを書き加えた。航空事業を解説した著作において就活に関する章を設けることに一時は逡巡したが、以下のような背景があり書き加えることにした。
　筆者は企業で長く働き、大学でキャリア教育を担当し授業外で1000人を超える学生の個別相談に応じた経験がある。大学で講義を開始した頃は、就活の相談への対応には戸惑ったが、最近では考え方を変え、就活の相談も積極的に受けている。考え方を変えたのは、昨今の就職活動が大変厳しいものであることに気づいたからである。第二の理由は、筆者自身の長い企業経験を出し惜しみせずに、学生に助言することは、親切なことだと考えたからである。

■各章における主要な内容・特徴

第1章「航空の未来」
　未来を予測することは、現在の状況を知る上で重要である。予測は外れるかも

序　文

しれないが、次の段階で修正、さらに予測、修正の繰り返しサイクルにより予測精度を高めることができると考えている。

第2章「航空の歴史」

　歴史は、全ての学問において重要である。我が国の航空の歴史においては戦後の「7年間の航空禁止」が何をもたらしたかを理解することは特に重要である。

第3章「航空会社のビジネスとは」

　航空会社は、外部からはそのビジネスの実態がわかりにくい。よってできるだけ具体的に航空会社のビジネスについて解説した。

第4章「LCC（格安航空会社）」

　LCCの登場は、単に安い運賃が実現したことではなく、低価格で世界を移動することが可能になり社会に大きな変革をもたらしている。

第5章「レベニュー・マネジメント―最強の経営理論」

　航空事業の経営において、最も重要な理論であり実践的な手法である。

第6章「アライアンスからジョイントベンチャーへ」

　航空事業は外資規制があるため、世界的なレベルでの再編・統合には制約がある。しかし、今後は国を超えての資本移動緩和とともに、他の産業のように大規模な統合、再編が進む可能性がある。

第7章「規制緩和とオープンスカイ政策」

　「オープンスカイ政策」の原点は、第二次世界大戦中の1943年の米国で見出すことができるが、その状況をできるだけ具体的に解説した。

第8章「航空機製造産業」

　航空事業は、航空輸送と航空機製造を一体として考察することで初めてその重要性が理解できる。

第9章「航空安全」

　輸送機関にとって安全はもっとも重要である。

第10章「空港」

　グローバル化の進展にともない、世界で国際都市間競争が展開されている。国際都市として発展するには、航空ネットワークと空港の充実が不可欠である。

第11章「国際航空法」

　航空輸送は、単に航空会社のマーケティング上の判断で行われているのではなく、厳しい外交交渉の結果もたらされた国際条約をベースに行われている。

第12章「米国チャプター11（連邦破産法第11章）」
　米国にとって航空は最も重要な産業の一つであり、それを支えているものの一つがチャプター11である。
第13章「航空管制」
　航空管制の仕組みはわかりにくいものである。しかし、その内容の把握は重要である。
第14章「就活成功のヒント」
　「航空会社が求める重要な資質」、「過去問」など具体的な内容を網羅している。

■「Key word」、「事例研究」について

Key word
　本文の内容を理解する上で重要だと思われる用語については、「Key word」として解説した。
事例研究
　本文の内容を理解する上で有効だと思われる事例は、「事例研究」として紹介した。

　尚、第2章、第7章などにおいて英文を訳文無しで引用している。英文に直接触れる方がその意味が良く理解できると考えたためである。

＊　＊　＊

　言うまでもなく、本書制作は筆者自身の力のみでなし得たわけではない。美添泰人青山学院大学名誉教授からいただいた様々なご助言により本書は完成することができたが、感謝の気持ちは表現のしようがない。東京都市大学中村英夫名誉総長（東京大学名誉教授）からは大学教育から世界や国家を見る視点まで高度で豊富な知見に基づきご指導いただいた。吉田和男京都大学名誉教授からは、経済学の領域のみならず、世界の潮流を読み解くための貴重な示唆をいただいた。京都大学工学部奥島研究室OBの皆様からは、筆者が忘れかかっていた工学の知見について教えていただいた。JAL、ANAの幹部の方々からも多くのことを教え

序　文

ていただいた。

　航空の教科書を書き始めてから早いもので10年以上が経過し、現在継続中も含め獨協大学、青山学院大学、東京大学、早稲田大学、京都大学、立教大学、立命館アジア太平洋大学、甲南大学、中央大学、東洋大学など全国の多数の大学で講義、講演を行う機会をいただいた。航空産業は超人気産業であると同時に、国家にとって重要な産業である。これからも全国の大学で講義、講演を続けたいと考えている。これは、一方的に航空の事を語りたいと思っているからではない。大学教授として学生にメッセージを届け指導しているつもりになっている期間も長くなっているが、振り返ってみれば、学生からの質問やコメントを通して多くのことを学ばせてもらったことを実感しているからである。学生は航空の魅力や課題を若く鋭い感性で洞察しており、筆者が気づいていなかったことも気づかせてくれる。また、学生たちとの会話を通して、現在の学生たちのリアルな姿、また就職活動の実態を知ることができる。大学教員として、このリアルな情報は、次の学生の指導に生かすことができる宝の山である。

　最後に、本書完成まで導いていただいた日本評論社の斎藤博氏に厚く御礼を申し上げたい。

2019年9月1日

井上泰日子

目　次

序文　iii

第1章　航空の未来──────────────────────────1

　1．空の産業革命　1
　　（1）ドローンの進化　1
　　（2）空飛ぶクルマ　2
　2．超音速旅客機　5
　3．アジア・オセアニアのメガキャリアは？　5
　4．米国・欧州・中国の航空3極形成―中国は世界最大の航空機市場に　7
　　（1）中国航空機製造の強み　7
　　（2）航空輸送と航空機製造一体の構造（シンビオシス）　8
　5．テクノロジーの進歩と航空ビジネスの変化　11
　　（1）5Gの活用　11
　　（2）GDSからNDCへ　12

第2章　航空の歴史─────────────────────────15

　1．飛行船　15
　　（1）ツェッペリン伯爵の夢　15
　　（2）ツェッペリン伯号の世界一周飛行　16
　　（3）タイタニック、チャレンジャー、そしてヒンデンブルグ　17
　　（4）飛行船はなぜ衰退し、飛行機は躍進したのか？―隆盛を誇っていたモノも
　　　　時代遅れに　18
　2．20世紀最大の発明―ライト兄弟による人類最初の動力飛行　19
　　（1）学歴がなく無名の兄弟による世紀の偉業　19
　　（2）飛行機の本質的な不安定性　20
　3．航空の成長期（1920〜30年代）　21
　　（1）ヨーロッパ　21
　　（2）アメリカ　23
　　（3）植民地への航空路開設　26

ix

（4）大西洋・太平洋線の開設　26
　4．第二次世界大戦　28
　　（1）アメリカ—戦後は航空事業の黄金期　28
　　（2）ヨーロッパ—長期の戦争で疲弊した航空事業　28
　　（3）中南米、アジア、オセアニア—新メンバー「日本航空」　29
　5．我が国の航空輸送　30
　　（1）堺＝徳島、堺＝高松の航空輸送開始　30
　　（2）日本航空輸送設立　30
　　（3）大日本航空設立　31
　6．7年間の航空禁止時代　33
　　（1）我が国の敗戦と占領政策　33
　　（2）航空禁止令の起点　35
　7．何故我が国だけ厳しい航空禁止令が課せられたのか？　36
　　（1）我が国だけが厳しい禁止令が課せられた二つの理由　36
　　（2）EU、そしてエアバスの原点　38
　8．何故ドイツの技術は生き残ったか？—ドイツの技術者は海外、日本の技術者は国内　39
　9．我が国航空史上最大の危機—日本の空は日本人の手で　42
　10．時代が送り出した「日本航空」　44
　　（1）外国社の東京乗入れと日本航空設立　44
　　（2）日本航空株式会社法—ナショナル・フラッグ・キャリアの成立　45
　11．全日空の躍進、そして世界へ　47
　　（1）全日空誕生　47
　　（2）二つの経営危機　48
　　（3）国際線への果敢な挑戦　49

第3章　航空会社のビジネスとは　51

　1．航空事業の特性　51
　　（1）派生需要　51
　　（2）即時財—在庫の利かない最も腐りやすい商品　51
　　（3）高速性　52
　　（4）季節性・シーズナリティ（Seasonality）　52
　　（5）社会情勢による需要変動　52
　　（6）消費者の特性で"需要の価格弾力性"が異なる　52
　　（7）装置産業　52
　　（8）顧客の識別が可能　53

目　次

　　（9）サービスの同質性と運賃の重要性　53
　　（10）空港施設など社会のインフラに依存　54
　2．航空事業の経済性　54
　　（1）規模の経済性　54
　　（2）範囲の経済性　55
　　（3）密度の経済性　56
　　（4）連結の経済性　56
　3．経営計画について　56
　　（1）経営計画策定時の重要なポイント　56
　　（2）経営計画の個別テーマ　57
　4．マイレージプログラム　60
　　（1）発展の経緯　60
　　（2）パレートの法則とデータベース・マーケティング　61
　　（3）マイルを貯める方法と使う方法　62
　　（4）ロイヤルティ・マーケティングと上級会員制度　62
　5．予約発券システムの発展とeコマース　64
　　（1）CRS誕生　64
　　（2）CRSの中立的なシステムへの転換　65
　　（3）GDSとして発展　65
　　（4）インターネットの登場とeコマース　65
　　（5）One to Oneサービスの登場　67
　6．AIがもたらすイノベーション　68

第4章　**LCC（格安航空会社）**　　　　　　　　　　　　　　　　71

　1．LCCが世界を変える―1万円で海外を往復する時代　71
　2．LCCの成長　71
　　（1）インターネットが導いたLCCモデルの世界的拡大　71
　　（2）LCCの現状　72
　3．中長距離LCC登場　72
　4．PSAが創造しサウスウエストが完成したLCC　74
　　（1）PSAの成功と破綻　74
　　（2）サウスウエスト航空の成功―ハーブ・ケレハーの功績　75
　5．夢を追いかけたレイカー航空―スカイトレイン　76
　6．LCCモデルで利益を出す仕組み　77
　7．大手航空会社とLCCのビジネスモデル比較　79

xi

8．ハイブリッド化とウルトラLCCの登場　79
　　9．ハブ・アンド・スポーク型とポイント・ツー・ポイント型　80
　　10．我が国のLCC　81

第5章　レベニュー・マネジメント——最強の経営理論　83

　　1．伝説の経営者R・クランドールが発明したイールド・マネジメント　83
　　　（1）マーケティング戦略におけるイールド・マネジメント　83
　　　（2）イールド・マネジメント登場の経緯　84
　　　（3）イールド・マネジメントが有効なビジネスモデル　86
　　2．レベニュー・マネジメントへ発展　88
　　3．航空運賃の多様化、多段階化　88
　　4．収益最大化のための3要素　91
　　　（1）オーバーブッキング（過剰予約）　91
　　　（2）トラフィック・ミックス（多段階運賃の割合の最適化）　94
　　　（3）プライシング（価格戦略）　96
　　5．AI（人工知能）によって新しいフェーズへ　97

第6章　アライアンスからジョイントベンチャーへ　101

　　1．ジョイントベンチャーとは何か？　101
　　　（1）ジョイントベンチャーと独占禁止法適用除外　101
　　　（2）「メタルニュートラル原則」と公正な成果配分　102
　　2．なぜ提携が必要なのか？　103
　　3．提携モデルの発展　105
　　4．グローバル・アライアンス成立　107

第7章　規制緩和とオープンスカイ政策　109

　　1．"オープンスカイ政策"の起点は1943年　109
　　　（1）米国の国際航空政策　109
　　　（2）オープンスカイ政策（Open Skies policy）とは何か？　110
　　　（3）オープンスカイ政策の拡大戦略　114
　　2．米国の規制緩和　115
　　3．欧州の自由化　117

目　次

第8章　航空機製造産業 ──────────────────────121

1．敵の敵は味方か？―ボーイング/エンブラエル vs.エアバス/ボンバルディア　121
2．ボーイング、エアバス誕生　123
　（1）ドイツ系移民縁のボーイング　123
　（2）EUの象徴エアバス　123
3．小型機市場拡大　124
　（1）エアバスA380生産中止　124
　（2）2037年までの市場予測　125
4．航空機製造産業の特殊性　126
5．航空機製造の特性と市場　128
　（1）学習効果　128
　（2）ドミノ理論　129
　（3）国際共同開発　129
　（4）サプライヤーの課題　130
6．最先端技術を外した"ツケ"が回っているのか？　131

第9章　航空安全 ─────────────────────────135

1．航空機事故の原因　135
　（1）様々な要因　135
　（2）着陸時の事故割合　135
2．安全性向上が著しい航空輸送　136
3．航空会社各部門における安全管理体制　136
4．同時多発テロ以降の航空保安体制　138
5．ヒューマンファクターの重要性　139
　（1）スイスチーズ・モデル　139
　（2）ハインリッヒの法則とヒヤリ・ハット　140
6．航空機の安全性を高めるシステム　141
7．御巣鷹山のB747型機事故　142
　（1）事故概要と航空事故調査報告書　142
　（2）何故か「修理計画書」と異なる修理が行われた　142
　（3）金属疲労　144
　（4）白いシャツの男たち　145
　（6）事故調査に立ちはだかった大きな壁　146

（7）事故調査委員の報告　147
　　　（8）JAL破綻最大の原因—事故原因はボーイングにあったが、経営責任をとったのはJAL　147

第10章　空港　——————————————————————149

1．アジア＝米国路線の大転換—空港間競争激化　149
　　（1）"アジアのハブ空港"としての成田の位置づけ変化　149
　　（2）アジア＝米国の直行便拡大　150
2．アジア主要空港の概要—アジア・太平洋地域の旅客数増加　152
3．成田国際空港　155
　　（1）発着時間延長と第3滑走路建設　155
　　（2）成田新幹線計画　158
4．羽田空港（東京国際空港）　158
5．関西国際空港　158
6．中部国際空港　161
7．空港民営化—コンセッション方式　162
8．全国の空港数と分類　163

第11章　国際航空法　——————————————————————165

1．航空法の概念　165
　　（1）航空法の沿革　165
　　（2）航空法の定義　166
2．空域　167
　　（1）空の法的地位　167
　　（2）条約の規定　167
　　（3）領空の範囲　168
3．シカゴ条約—空は自由のためのハイウェイ　168
　　（1）嵐のシカゴ会議—「オープンスカイ」vs.「クォータシステム」　168
　　（2）領空主権　171
4．定期航空における運輸権　171
　　（1）第1から第9の自由まで　171
　　（2）国際航空業務通過協定　174

目　次

第12章　米国チャプター11（連邦破産法第11章） ―― 177
1．チャプター11は米国の保護政策か？　177
2．破産法におけるコスト（救済資金）とベネフィット（便益）の比較　179
3．復活後に、チャプター11の本質がある　179
4．航空事業の公益性と外資規制　180

第13章　航空管制 ―― 183
1．フラッグマンの登場　183
2．飛行方式　183
　（1）有視界飛行方式　183
　（2）計器飛行方式　184
3．国際条約と航空交通業務　184
4．我が国の航空管制　185
　（1）第二次世界大戦後の占領期　185
　（2）航空機事故と航空保安システムの抜本的見直し　185
　（3）レーダー管制　186
5．航空管制の流れ　188
　（1）航空管制の業務（空の交通整理）　188
　（2）飛行場管制、ターミナルレーダー管制、航空路管制のリレー方式　189
6．飛行情報区（FIR）　190

第14章　就活成功のヒント ―― 193
1．本章の目的　193
2．客室乗務員やGSにとっての重要な資質　194
3．成功の秘訣――シナリオプランニング　199
4．過去問　202

索引　206

■事例研究
　ドローンと空飛ぶクルマの安全レベルの違い　4

ボーイングの新型旅客機737MAX の運航停止と「規制のとりこ」　9
商業飛行の起源　21
チャールズ・リンドバーグの大西洋単独無着陸横断　23
パンアメリカン航空の台頭　25
飛行艇（flying boat）　27
世論が獲得した国家目標―世界一周路線　46
ポイントプログラム　53
シェアリングエコノミー　56
JAL のエアバス機材購入　58
アメリカン航空の AAdvantage（アドバンテージ）とマイレージプログラムへの不安　60
CRM（顧客関係管理）　63
JAL の新 LCC "ZIPAIR Tokyo" と "カニバリゼーション"　73
ピープル・エキスプレスの栄光と崩壊　86
IATA 運賃の廃止　91
座席利用率　93
RBD（Reservation Booking Designator）について　96
アルテアによる O&D（Origin and Destination）管理　98
ATI 無しには実施できない提携プログラム　102
どうサービスレベルを合わせるか　103
クレア・ルースとヘンリー・ルース　113
日米オープンスカイ協定概要　115
Brexit の欧州航空会社への影響　119
敵の敵は味方―ボーイングによるボンバルディアへの制裁　122
スミソニアン航空宇宙博物館　127
スマイルカーブ　130
世界が注目した1955年の英米逆転―プロジェクト・キャンセル　132
外国で整備を行う時代へ　137
ジャムも持込禁止　138
"金属疲労" 受入れの壁　145
ボーイングの発表　146
ニューヨーク＝シンガポール間の直行便　150
ハブを使った長距離移動の基本パターン　150
世界一の空港―シンガポール・チャンギ国際空港　153
顔認証でウォークスルー　155
成田闘争　157
2018年9月の台風21号で関西国際空港閉鎖　162
みやこ下地島空港ターミナル　164

目　次

客室乗務員の主な仕事　196
神様と同じくらいの超一流サービス　"一粒のぶどうの物語"　197
史上最短の就活　198
何故起こってほしいことだけを想定するのか？　200
圧迫面接　201

■ Key word

IoT（Internet of Things）　11
ボーデン湖とベルサイユ条約　16
フーゴー・ユンカース（1859-1935）　22
GHQ（連合国軍最高司令官総司令部）　33
チャーチルの三つの環　38
ペーパークリップ作戦　41
固定費と変動費　55
SDGs（Sustainable Development Goals：持続可能な開発目標）　57
スイッチング・コスト　59
データベース・マーケティング　61
ディスプレイ・バイアス（Display Bias）　65
eコマース（EC）　66
One to Oneサービス、One to Oneマーケティング　68
アジャイル（agile）開発　69
先行者利益　74
資本財　78
ブレークイーブンポイント（Break Even Point：損益分岐点）　78
限界費用　87
価格差別　89
"デナイド・ボーディング"と"スポイレッジ"　93
プレミアムエコノミー　96
"スピル"と"スタイフル"　97
アマデウス（Amadeus）"アルテア"　97
ASK, RPK　98
ポーグ民間航空委員会委員長　111
EAS（Essential Air Serivice：必須航空サービス）プログラム　117
ボンバルディアの「Cシリーズ」　121
ランプ（ramp）とエプロン（apron）　137
ヒヤリ・ハット　140

| 横田空域　157
| 採択と批准　166
| 国際民間航空機関（ICAO）　170
| 国際航空運送協会（IATA）　170
| モラルハザード　178
| レーダー（RADAR）　186
| スモールトーク　195

第1章 航空の未来

　鳥のように空を飛ぶのは人類の長い間の夢で、人類の弛まぬ努力と英知は夢を現実のものにした。創成期の航空は勇敢な人々の空の冒険であり、空の旅は憧れでありロマンであった。しかし、瞬く間に鳥よりも高く速く飛べるようになった航空は大きく成長し、現代の航空は最先端技術の集合体でそのネットワークは世界の隅々まで、さらに宇宙まで拡がろうとしている。科学技術の飛躍的な進歩で大空を架ける航空から冒険やロマンの要素が薄れつつあるが、10年後、あるいは20年後の航空は、人類とともにどのように歩んでいる（飛んでいる）のであろうか。世界はいつの時代も混迷かつ激変の中を進んでいくのが常で1年先の予測さえ困難であるが、本章では航空事業の未来像を考察する。長年航空の実務や研究にたずさわった者として、航空に興味を持つ若者に未来予測を示し、将来のビジネスやキャリアデザインを思い描く上でのヒントになればと考えている。

1．空の産業革命

（1）ドローンの進化

　近年注目を集めているドローンは、小型無人航空機の総称である。ドローン（drone, UAS: Unmanned Aircraft Systems, あるいは、UA: Unmanned Aircraft）は、従来軍事用あるいは玩具として発達したが、米国運輸省は、2035年までに1年間に運用される無人飛行機の数が有人の飛行機を上回るだろうと予測している。

　表1-1で示した通り、NEDO（国立研究開発法人新エネルギー・産業技術総合開発機構）の調査によると、2020年前半には限定エリアではあるが、市街地区域の飛行が始まり、2020年代後半には住宅地、人口密集地域でも飛行が行われると予測される。また、急病人や遭難者などの輸送が2020年代中ごろから始まる。

表1-1　2020年代のドローン進化予測

	2020年	2023年	2024年	2025年	2026年	2027年
ドローン運航の発展	最大積載量100kg以上のドローン実用化		市街地内自律飛行可能エリア整備（限定エリア）		住宅地・人口密集地で飛行可能に	
				用途を限定し人の輸送が可能（非常時等）		
				連続飛行時間 3 時間以上		
					ドローン以外の動くものとの衝突自動回避	

2020年代前半には100kgの荷物の輸送、中ごろには電池技術の向上によって3時間以上の飛行が可能なドローンも登場すると思われる。

　このようなペースでドローンは進化し、2020年代終わりごろには、様々な荷物を数十km搬送することが普通の状態となり、空を見上げるとドローンのために指定された空路・空域であるドローンハイウェイを飛び交うドローンを見ることになるであろう。

（2）空飛ぶクルマ

　ドローンとともに注目されているのが「空飛ぶクルマ」（海外では、Skycar、Aircar、Urban Air Mobilityなどと呼ばれる）である。飛行機やヘリコプターよりも小さく、ドローンよりも大きい空飛ぶクルマは、小型航空機とドローンの間の位置づけになると想定される（図1-1）。道路交通の枠にとらわれない立体的な移動が可能で、都市部の交通渋滞を減らし、より早く目的地まで移動できる次世代の移動手段として期待されている。2019年1月、米国の大手航空機メーカーのボーイングは、自律飛行型パッセンジャー・エア・ビークル（PAV、Passenger Air Vehicle）の試験飛行に成功している。この試作機は自動制御でヘリコプターのように垂直に離陸し、空中でホバリング（空中の一点で静止した飛行状態）をした後に着陸した。このPAVは、最大50マイル（約80km）で離陸から着陸までの全てのフェーズで自律飛行が可能である。

図1-1　空飛ぶクルマの位置づけ

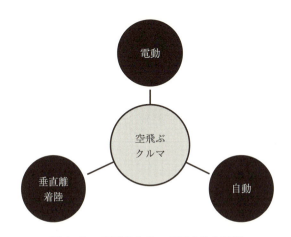

図1-2　空飛ぶクルマの基本的な特徴

　我が国においては、経済産業省と国土交通省が2018年12月に空飛ぶクルマの実現に向けて官民の関係者が一堂に会する「空の移動革命に向けた官民協議会」を開催した。この協議会では、図1-2で示した通り、「電動」、「自動」、「垂直離着陸」が基本的な特徴として掲げられている。空飛ぶクルマの実現に向けては電動化による低コスト化を行うことが重要である。電動化することで、燃料関連の構造を省くことができ機体の構造をよりシンプルにすることができる。同時に、パイロットがいない自動化が進めば、さらに運航コストを下げることができる。なお、厳密には、空飛ぶクルマの明確な定義が固まっているわけではなく、世界には「垂直離着陸」にこだわらないで地上走行が可能な小型飛行機モデルの開発も進んでいる。「空の移動革命に向けた官民協議会」の空の革命に向けたロードマップによると、2023年に事業がスタートし、2030年代には実用化が拡大すること

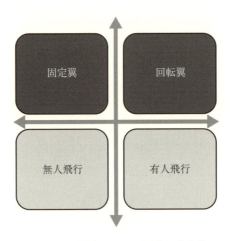

図1-3 空飛ぶクルマ設計の方向性

になる。

　空飛ぶクルマの設計には、二つの方向性がある（図1-3）。第一に、小さな飛行機のように固定翼を搭載したモデルである。翼があることで、長距離の飛行が可能になる。このモデルで地上を走行する場合は、翼を折りたたむ。第二は、ヘリコプターのようなモデルで回転翼を持つ。このモデルでは、離着陸時に必要なスペースが少ないというメリットはあるが、長距離の飛行には向かない。また、パイロットが操縦する有人飛行モデルとパイロットのいない無人飛行モデルがある。

■事例研究　ドローンと空飛ぶクルマの安全レベルの違い

　将来ドローンが緊急用などで人を運ぶ可能性もあるが、基本的にはモノの輸送に使用されるために、仮に墜落しても物損で済む場合が多い。一方、空飛ぶクルマは、人を運ぶことが前提で、航空機と同じレベルの安全対策が必要である。空飛ぶクルマは、タクシーのような交通手段、救急医療、災害救助、離島・へき地交通観光、レジャーなどが主な用途である。ヘリコプターも同様の役割を果たすことができるが、空飛ぶクルマは、購入・運用コストが低い、より狭い場所でも降りられる、騒音低減効果などがヘリコプターと異なる点である。

2．超音速旅客機

　米国デンバーに本社のあるBOOM TECHNOLOGY, INCは、2020年代半ばを目標に音速の2倍以上のスピードで運航可能な超音速旅客機の実現を目指している。JALは、定期航空運送事業者の観点からサポートすべくパートナーシップ契約を締結している。当該機の概要は以下の通り。

　巡航速度：マッハ2.2（洋上飛行時。時速換算で2,335km）
　　　　　　なお、現在の航空機の速度は時速800～900kmである。
　航続距離：8,334km
　想定される飛行時間：東京―サンフランシスコ間5時間半。
　装着座席数：45～55席（ビジネスクラス仕様）
　パートナーシップ契約：2017年12月業務提携。JALの資金提供額は1000万ドル

　かつて、英仏共同開発の超音速旅客機が運航していたが、ソニックブーム（超音速飛行時に発生する衝撃波）や燃費の悪さなどが原因で2003年に運航を停止している。BOOM TECHNOLOGYの新型機は、ソニックブームや燃費の改善に取り組んでいる。
　なお、JAXA（宇宙航空研究開発機構）、米国ボーイング等により、音速の5倍で運航可能な極超音速旅客機開発計画も発表されている。

3．アジア・オセアニアのメガキャリアは？

　グローバル化の潮流の中で、一国に縛られない"グローバル航空会社"が登場しつつある。この流れの中で世界規模での再編が進展している。例えば、欧州域内は資本規制が既に無いため、ルフトハンザ航空は、オーストリア航空とスイス国際航空と経営統合している。インターナショナル・エアラインズ・グループ（IAG、International Airlines Group）は、英国航空とスペインのイベリア航空で共同経営する企業である。エアフランスとオランダのKLMも既に統合している。米国のメガキャリアも積極的に統合、再編を進めた結果、現在3社になっている。
　従来から、21世紀の航空産業は米国でメガキャリア（大規模航空会社）3社、

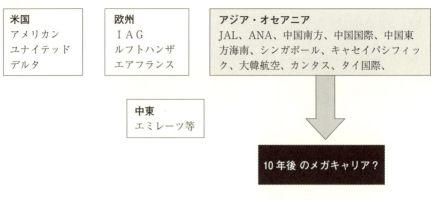

図1-4　10年後のアジア・オセアニアのメガキャリア

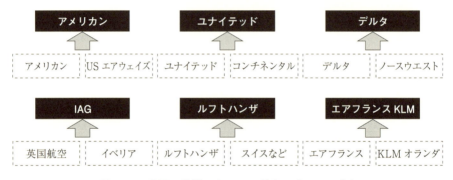

図1-5　米国、欧州の3つのメガキャリアへの成立

欧州3社、アジアで2～4社に収斂すると予想されていたが、現在の主要航空会社連携の動きはその軌道上にある。米国のアメリカン航空、ユナイテッド航空、デルタ航空、さらに、欧州のIAG、ルフトハンザ航空、エアフランスKLMは既にメガキャリアの地位にある。一方、アジア・オセアニア地域においては、地域内で再編、統合が欧米ほど進んでいるわけではない。米国や欧州の3大メガキャリアの成立を考えれば、今後10年程度で、アジア・オセアニアにおいても、2～4社程度のメガキャリアが誕生する可能性が高い（図1-4）。図1-5が示す通り、欧米の大手航空会社は既にメガキャリア3社に再編されている。

4．米国・欧州・中国の航空 3 極形成─中国は世界最大の航空機市場に

（1）中国航空機製造の強み

　航空輸送の分野においても航空機製造の分野においても米国は世界最大の航空先進国であり、欧州が第二位の地位にある。世界の旅客機製造、特に大型機・中型機市場においては米国のボーイングと欧州のエアバスの複占である。しかし、今後は中国が航空輸送と航空機製造の両分野で大きく成長し世界の航空産業は3極構造に移行して行くであろう。図1-6が示す通り中国の経済は大きく成長し、現在は米国に次ぐ位置にあるが、2030年ごろには米国に追いつくとの予測もある。

　中国は2008年に新しい航空機の開発・製造会社「中国商用飛機（COMAC）」を設立し、ボーイング、エアバスに次ぐ第3の航空機メーカー育成を目指している。中国政府が主導する「中国製造2025」は、世界の製造大国を目指した取り組みで、航空・宇宙（大型航空機、有人宇宙飛行）は10の重点分野の中の一つである。この政府の方針に従い、航空需要が急成長する自国市場で、欧米機より低価格の航空機を製造し販売する。通常航空機製造は世界市場での販売に成功しなければビジネスとしては失敗であるが、広大な中国の国内市場は、将来米国に匹敵する市場に成長する可能性があり、中国の航空機メーカーは必ずしも世界規模の販売を目指す必要がないことはビジネス上の強みである。

　エアバスは、中国市場の大きな成長力を想定し、天津でエアバスA320型機の最終組み立て工場（FALA、Final Assembly Line Asia）を稼働させ、2018年12月には、A320の400機目を中国国際航空に納入している。なお、エアバスの最終組み立て工場は、フランスのトゥールーズ、ドイツのハンブルク、アメリカのモービルと合わせ世界の4カ所にある。さらに、エアバスは2019年に入り、中国のシリコンバレーと言われる中国南部広東省深圳にイノベーションセンターを開設した。ここでは中国企業と連携し通信回線や液晶画面など機体に搭載する新技術の開発を進める[1]。

1）『日本経済新聞』2019年2月26日朝刊

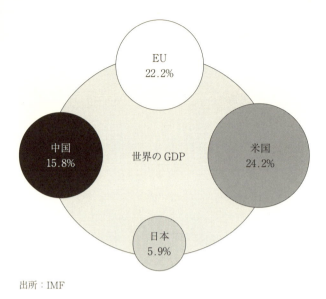

出所：IMF

図1-6　米国、EU、中国、日本のGDPシェア（2018年）

（2）航空輸送と航空機製造一体の構造（シンビオシス）

　航空産業は、本来"航空輸送"と"航空機製造"が一体となった産業である。第8章『航空機製造産業』で詳述するが、図1-7が示す通り、米国では航空機製造産業と航空輸送産業は一体となって国家の安全保障を支えている。そして政府との共生体（シンビオシス）の関係を保ちつつ成長してきたのである。MIT（マサチューセッツ工科大学）調査委員会の報告書『MADE IN AMERICA』は政府との共生体（シンビオシス）について以下のように解説している[2]。

　『アメリカの民間航空機産業は、政府との共生体（シンビオシス）の関係を保ちつつ成長してきた。軍用機の開発が、製品と製造プロセス開発の資金源となり、その成果が民間航空機によく転用された。（中略）民間航空機の市場はほとんどがアメリカであり、そのためにアメリカでは航空機メーカーと航空会

2）Dertouzos（1989），日本語版 pp.37-38

図1-7 米国における航空産業の概念図

社があたかも同じ産業グループにいるような形で共同作業ができたのである。技術水準の高い航空会社が、技術水準の高い航空機メーカーを督励した。この結果もたらされた技術の優位こそ、市場競争に勝ち残る要点となったのである。その結果、民間航空機産業は、アメリカ企業によって完全に支配される状況になった。現在、民間航空機はアメリカの最重要輸出品となっている。』

　米国の（欧州も同様だが）航空会社は通常自国メーカーの航空機を購入する。この購入で、航空機メーカーの利益が増大し、この利益を軍用機開発に投入することができる。オープンスカイ政策とは国際航空輸送の自由化で、米国が航空輸送市場拡大のために提唱したものである。自由化政策とは、世界が障壁の無いグローバル・シングル・マーケットに向かうことで、産業力の優位な国に有利で、産業力の劣る国に不利である。米国は、オープンスカイ政策推進によって、自国の航空輸送産業の市場拡大を進め、この航空機製造産業と航空輸送産業の一体構造をさらに強化している。
　チャプター11（第12章で解説）は、経営が悪化した企業再生のための法律で、米国の航空会社の（他産業にも適用される）経営破綻による市場からの撤退を防ぐ役割を果たしている。米国の航空会社が世界経済や戦争、テロなどの影響を受け消滅するようなことがあると、オープンスカイ政策の担い手を失うことになるからである。エアバスを中核として航空産業を推し進めている欧州も同様の構造によって米国に対抗している。また、中国も同じ構造を作り上げようとしている。

■**事例研究　ボーイングの新型旅客機737MAXの運航停止と「規制のとりこ」**
　エチオピア航空の米ボーイング737MAX型機の2019年3月10日の事故は、前年10月インドネシアで起きた同型機の事故との類似性に注目が集まった。この同型機の

連続事故で、翌日の3月11日に、中国が真っ先に同型機の運航停止を決定した。それに続き、アジア、欧州、中東などの航空当局や航空会社が相次いで運航停止を決定した。13日午前にはカナダも運航停止を決定、次に慎重な姿勢を維持していた当該機の製造国である米国も、これらの世界の動きを受けて13日に運航停止を決定した。この一連の運航停止の世界への波及を実質的に主導したのは最初に運航停止を決定した中国であった。このことからも航空の世界で中国の影響力が拡大していることが理解できる。

　当該機種の安全問題は、単に航空機の安全性に注目が集まっただけではなく、この最新鋭機の安全性を認定した米連邦航空局（FAA）の認証手続きが適切ではなくメーカーに甘かったのではないかという疑問が浮上した[3]。737MAX型機が完成した頃、ボーイングの最大のライバル欧州エアバスが、同クラスの「A320neo」の販売を開始していた。追う立場にあったボーイングは認証手続きをいち早く済ませ、エアバスを追撃する必要があったことが、このような疑問の背景にある。この認証手続きは、福島原発事故で指摘された「規制のとりこ」（Regulatory Capture）に陥った可能性がある。「規制のとりこ」とは、規制される業界側と規制を行う当局の逆転現象である。「規制のとりこ」に陥ると、本来規制をされる側であるにもかかわらず、その分野の知識や経験を活かして規制自体を骨抜きにすることになる。

　事故原因は、新しく導入された失速を防ぐ制御システム（MCAS）の誤作動の可能性が高く、ボーイングは制御システムの改修を進めている。エチオピア航空の事故の分析によると、本来失速を防ぐはずの制御システムによって、何度も機首が異常に下げられていたため機長と副機長は何とか機首を上げようと手動で対抗したものの力が及ばなかった。この自動制御システムが人間の力を超えて誤作動を起こしたことは、人類が突入しようとしているAI時代への大きな警鐘であると言える。

　このようにボーイングに逆風が吹いているものの、2019年6月のパリ航空ショーで、ボーイングはIAGより事故後初めて737MAX200機の受注に成功した。この大量受注の背景には、BREXITの可能性を視野に、英米関係の強化を狙った英国の深謀遠慮があるかもしれない。一方、2019年8月英紙ファイナンシャル・タイムズは、ロシアのリース会社が当該機の注文のキャンセルと損害賠償を求め提訴したと報じた。事故後、顧客となる企業からの提訴は初めて。

3）米紙ウォールストリートジャーナル（電子版）は、2019年5月14日に、B737MAXの安全性の確認にFAA幹部が直接関与せず、ボーイングの技術者の報告に基づいて事業化を認めたと報道した。

第1章　航空の未来

5．テクノロジーの進歩と航空ビジネスの変化

下記の通り様々なテクノロジーの進歩が航空事業を新しい段階に導きつつある。

(1) 5Gの活用

　5Gとは、無線の第5世代移動通信システムのことで、現在の4Gより速度が100倍、データ容量は1000倍にもなると言われている。（5GのGは、GenerationのG）スマートフォンでメールを送る、あるいは音楽や動画を楽しんでいるレベルであれば、現在の4Gで十分であるが、今後はIoTが進み、身の回りのあらゆるものがインターネットに接続することで通信回線を利用するデータ量の急増が想定されており4Gでは対応できなくなるのは時間の問題である。

　例えば、ドローン利用の拡大、自動運転車の増加、さらに遠隔医療、遠隔手術、道路や橋の異常検知センサー、高齢者や子供の見守り機器などはワイヤレスで通信を行い大量のデータが流れることになる。5Gには、「超低遅延」と「多接続」というメリットもある。5Gの通信のタイムラグは1ミリ秒と言われ、遠隔の通信でもほとんど時間のズレがない「超低遅延」が実現する。また、1平方キロ当たり100万台の機器を接続可能で「多接続」が実現し、全てのモノがインターネットに接続するIoT時代に相応しい通信環境が実現する。ドローンや自動運転車、また遠隔手術などにおいては通信の遅れは致命的であるため、5Gの登場で、これらの実用化がさらに加速される。

　航空会社においては、整備の分野で5Gの活用が検討されている。航空機整備の時、ヘルメットにカメラを搭載し整備現場の様子を遠隔地にいる熟練した整備士にリアルタイムで伝送する。5Gは高精細な映像の送信と同時に映像を遅延なく届けられるため、経験の少ない整備士であっても的確な整備をすることができる。

Key word　IoT（Internet of Things）
　コンピューターなどの機器だけではなく、社会に存在する様々なモノに通信機能を持たせインターネットに接続、さらに相互に通信することにより、自動制御、遠隔操作などを行うこと。

（2）GDS から NDC へ

　第3章で解説の通り、現在の航空会社の予約・発券機能は、GDS（Global Distribution System）によって主にカバーされている。Amadeus（本社スペイン）、Sabre（本社アメリカ）、Travelport（本社イギリス）が世界の3大 GDS である。

　しかし、多様化、複雑化が進む航空運賃を GDS でカバーするには限界がある。また、インターネットの普及で、航空会社はかつてのように GDS に全面的に頼る必要がなくなりつつある。そこで、IATA が主導する NDC（New Distribution Capability）という新システムが注目を集めつつある。IATA は NDC 販売の割合を2020年までに20％にすることを目標にしている。（なお、IATA 自身は、新システムというよりは、航空会社のシステムと旅行会社のシステムとの間でやりとりをする「データの形式」と定義している）NDC を使用するメリットは、以下の通りである。

①航空券流通コストの削減

　GDS は航空会社から予約手数料を収受して成立するビジネスモデルである。つまり航空会社は、GDS を使って座席の予約、発券手続きを行うと、その都度、GDS 使用料を支払う必要がある。一方、NDC を使うと航空会社は、予約手数料を GDS に支払う必要がなくなる。

②アンシラリーサービス（航空券以外の付加サービス）の販売強化

　航空会社は、単純に航空座席だけを販売するのではなく、機内 Wi-Fi、空港ラウンジ、追加手荷物、機内での座席アップグレードなどアンシラリーサービスの販売を強化しつつある。アンシラリー（ancillary）とは付随的なとの意味で、この傾向は LCC で特に顕著である。大手航空会社であれば、アンシラリーサービスが航空券代に含まれていることもあるが、LCC は、航空券の価格を表面的には安価にみせるため、アンシラリーサービスは"別売り"にする傾向にある。このような LCC の戦略に加え、全ての航空会社は競争で勝ち抜くために、アンシラリーサービスのラインアップをさらに拡大する方向にある。

　GDS は本来、航空座席の予約、発券手続きのために開発されたシステムであり、提供できるのは主に文字情報（テキストデータ）である。文字情報だけでは、

第1章　航空の未来

図1-8　NDC使用時の概念図

航空会社が提供する全てのアンシラリーサービスをわかりやすく旅行会社や旅行者に伝えるには限界がある。一方、NDCは、画像や動画などのリッチコンテンツを提供することが可能で、この点においてもNDCの優位性がある。

③ One to One サービスが可能に

"One to One サービス"とは、第3章で解説の通り、顧客一人ひとりの興味や好みに合わせた情報を提供することである。"One to One"には、一人の顧客に対してひとつの情報という意味がある。GDSは単純な予約、発券機能をもつだけなので、対象となる顧客が、頻繁に航空機を利用している上顧客かどうかはシステム上わからない。しかし、NDCであれば、マイレージ会員番号を入力するなどの方法で、最初の段階から、その顧客の個人情報を踏まえてのシステム上の対応が可能になる。上顧客用の特別なサービスがある場合、あるいは、アンシラリーサービスについての傾向がある場合は、その顧客用のアンシラリーサービスを最初に提案することが可能になる。

図1-8は、NDC使用時の航空券販売の概念図である。一番下の→は、旅行会社を経由しない直接販売で、航空会社のWEBで購入する。アグリゲーターとは、複数の航空会社の情報を集約する組織である。アグリゲーターは、航空会社と旅行会社の間にいるとの意味では、GDSと類似しているが、アグリゲーターは旅行会社の利便性を高めることができることから、旅行会社からシステム手数料を収受する。

前述の通り、航空会社にとってGDSの必要性は低下しつつあるため、GDSの中にはアグリゲーターを兼業しようとする動きもある。しかし、NDC自体が登場したばかりで、GDS、またアグリゲーターの今後がどのようになっていくかは、

13

現時点で確定しているわけではない。

主な参考・引用文献

中野冠（2019）「経済教室―自動車の未来⑦」『日本経済新聞』朝刊2019年3月21日。

野村健蔵（2018）『ドローン産業応用のすべて―開発の基礎から活用の実際まで―』オーム社。

根津禎（2019）『空飛ぶクルマ―電動航空機がもたらすMaaS革命』日経BP社。

Dertouzos, Michael L., et al. (1989) *Made in America: regaining the productive edge,* Cambridge, Mass.: MIT Press、邦訳：依田直也訳『Made in America アメリカ再生のための米日欧産業比較』(1990) 草思社。

第2章　航空の歴史

1．飛行船

（1）ツェッペリン伯爵の夢

　現在は、ジェット機全盛の時代で、飛行船は広告用のものを見かける程度だが、かつて飛行船がその輸送実績においても輸送能力においても、また、その客室の豪華さにおいても飛行機を遥かに凌駕し、世界の注目を集めていた時代があった。
　飛行船の初飛行は、1852年のフランス人アンリ・ジファールによる蒸気機関をつけた試験飛行だと伝えられているが、最も注目すべき歴史的成功は、ドイツのフェルディナンド・ツェッペリン伯爵（1838-1917）により1900年に、南ドイツのボーデン湖畔で行われた飛行であった。ツェッペリン伯が創った飛行船製造会社、また飛行船による商業航空会社の本拠地はともにボーデン湖畔のフリードリヒスハーフェンにあった。自由自在に空を飛びたいという人類の夢をライト兄弟の成功の前に飛行船は実現したのである。
　ツェッペリン伯は、後に「国民の父」と言われたドイツの英雄であった。当時の最先端技術を追求し祖国のために、未知なる夢に賭ける真摯な姿勢と実行力は大衆から熱狂的に支持された。ドイツの技術者ゴットリープ・ダイムラーが二輪車に取り付けるガソリンエンジンの特許を取得したのは1885年、同じドイツの技術者カール・ベンツが世界初の自動車の特許を取得したのは1886年である。ツェッペリン伯が飛行船開発に挑戦していた時代は、動力エンジンそのものも誕生したばかりで欠陥だらけのエンジンは何度も飛行中に焼け焦げてしまった。ツェッペリン伯は、自らの私財を投入し何度も失敗し彼自身の人生が悲惨な状態になりながらも飛行船開発に専念していた。1900年という時代の節目において、人の移

動や貨物輸送に大きな変革をもたらす飛行船技術は、夢の新技術として迎えられた。なお、ツェッペリン伯自身は、飛行船開発が軌道に乗った後、将来は飛行機の時代になることを予測し、既に高齢であったが、残り少ない余生は飛行機開発に力を注ごうとしていた。ツェッペリン伯が第一次世界大戦の終焉を待たずに1917年に亡くなった後、この飛行機への夢は、同じくドイツの航空技術者でツェッペリン飛行船会社にいたクラウディウス・ドルニエが引き継いだ。ドルニエは、後に世界最大の飛行艇ドルニエ Do X を開発するなど航空機発展に貢献した。

> **Key word** ボーデン湖とベルサイユ条約
> 　第一次世界大戦で敗戦したドイツは、ベルサイユ条約により航空機製造が禁止された。よって、ドルニエなどの航空技術者たちは、ボーデン湖対岸（ボーデン湖は、ドイツ、スイス、オーストリアの国境に位置する）のスイスのロールシャッハの工場を借りて、航空機製作を続けた。

　ツェッペリン伯が開発した飛行船は、その大成功ゆえに「ツェッペリン」という名称は、その後、全ての硬式飛行船のことを指すようになった。（硬式飛行船とは、アルミなどの軽金属で造られた頑丈な枠組みがあるもので強度が高くなるため大型化、高速化が可能である）なお、ツェッペリン伯は、普墺戦争（ふおう戦争、1866年に起こったプロイセン王国とオーストリア帝国との戦争）や普仏戦争（1870年に起こったプロイセン王国とフランスとの戦争）などで軍歴を積み重ねた典型的な軍人で、欧州各国の帝国主義的軍事拡張の時代を背景に、飛行船開発は将来の軍事力強化を目指していたとの側面もあった。

（2）ツェッペリン伯号の世界一周飛行

　ツェッペリン伯没後製造されたツェッペリン伯号（LZ127）は、1928年9月に初飛行した全長235mの当時世界最大の巨大飛行船である。ツェッペリン伯の実娘ヘラ・ツェッペリンがこの新型飛行船をツェッペリン伯号と名付け、ツェッペリン伯生誕90年を記念して、フリードリヒスハーフェンで盛大な式典を開催している。

　ジャンボジェットの愛称で親しまれたボーイング747型機の全長は約70m、総二階建てのエアバス380型機の全長は約73mであることを考えれば、ツェッペリ

図2-1　飛行船と飛行機の全長

ン伯号がいかに巨大であるか理解できる（図2-1）。ツェッペリン伯号は、530馬力のディーゼルエンジンを5基備え、最大速度は時速118km、搭載量30t、1万kmを航行できる能力を備えていた。（ディーゼルエンジンは、それまでのガソリンエンジンよりも燃料効率に優れていた）乗務員や旅客用のゴンドラの内部は、現在のジェット機よりも広く豪華で食事ができるサロンスペースもあり、レストランとして使用していない時にはチェス、読書、ダンス等を楽しむことも可能であった。二段ベッドのある客室が10室、最大乗客数は40名であった。

　1928年10月、ツェッペリン伯号は、米国ニュージャージー州レイクハーストへ最初の長距離飛行を行い、到着した乗組員はニューヨーク市で熱狂的な歓迎を受け、その後、ホワイトハウスにも招かれた。翌年、ツェッペリン伯号は世界一周の飛行に成功、広大なシベリアを横断して東京へも飛行している。東京から米国ロサンゼルスまでの無着陸太平洋横断飛行も世界で初めて成し遂げた。世界一周は全体で21日間と5時間31分の歴史的な偉業であり、当時の飛行機の限界を遥かに超える長距離、長時間の飛行能力を世界に印象づけた。この時代は、飛行機の評価が高まりつつあったが、1933年に開催されたシカゴ万国博覧会会場までの飛行も含め、ツェッペリン伯号は運航を続け、1936年まで毎年乗客を運んでいた。

（3）タイタニック、チャレンジャー、そしてヒンデンブルグ

　飛行機の目覚ましい発達とともに、1930年代に突入すると、飛行船の終焉を見通す航空関係者も増えていた。しかし、ドイツではナチ政権の威厳を示す思惑もあり、ツェッペリン伯号より一回り大きい超大型飛行船ヒンデンブルグ号が、政府の援助によって1935年末に完成した。ヒンデンブルグの名称は、1925年から1934年までドイツの大統領であったパウル・フォン・ヒンデンブルグからとった

ものである。

　ヒンデンブルグ号の全長はツェッペリン伯号よりも長い245m、ダイムラー・ベンツ製のエンジンを6基備え、時速125km、積載量60t、6日間燃料補給無しに滞空できる性能であった。客室は二層に分かれ、上部デッキでは最大70名が就寝できるベッドがあり、長さ14m、幅4mの二つの展望サロンが客室の両サイドにあり、レストラン用サロンでは、下部のキッチンからエレベーターで食事が運ばれていた。客室の下部デッキには、電気式のキッチン、船内事務所、シャワー室、保健室、バーがあった。1936年は、飛行船にとって最後の栄光の一年であった。ツェッペリン伯号とヒンデンブルグ号の両巨大豪華飛行船による南米、北米、その他の地域への合計飛行回数は63回、飛行距離は延べ59万8490km、総乗客数は3,586人に及んだ。

　1937年5月に起こったヒンデンブルク号の米国ニュージャージー州レイクハースト海軍飛行場での爆発事故は、1912年4月に起こったイギリスの豪華客船タイタニック号沈没事故、1986年1月の米国スペースシャトル・チャレンジャー号の爆破事故とともに20世紀の世界を震撼させた三大事故の一つである。その衝撃の大きさから、大型硬式飛行船の安全性に疑問が持たれ、その後の製造が中止された。硬式飛行船の黄金時代は突如として幕を閉じることになった。事故原因は、ガス袋（気嚢）内の水素ガスの爆発、あるいは飛行中に蓄積された静電気が放電し発火を引き起こした等諸説ある。

（4）飛行船はなぜ衰退し、飛行機は躍進したのか？—隆盛を誇っていたモノも時代遅れに

　20世紀初頭、飛行機がまだ航空輸送手段として未熟で欠点ばかり目立っていた頃、飛行船の優位は明らかだった。初期の飛行機は空中へ浮き上がること自体が難しかった。飛行船は、ガスの漏れない袋と水素かヘリウムのガスさえあれば浮くことができた。ところが、飛行機は、動力がなくては浮くことができないため軽量で強力なエンジンが不可欠であった。初期の飛行機は、スピード、飛行高度、航続距離どれをとっても飛行船より劣っていた。飛行船の水素ガス爆発のリスクはあったが、それ以上に飛行機の事故が多発していた。

　しかし、飛行機の技術革新が進むにつれ、飛行船と飛行機の立場は逆転し飛行機の優位がはっきりしてきた。様々な改良が重ねられた飛行機に比較すれば、飛

第2章　航空の歴史

行船は多くの欠点をかかえていた。第一に、飛行船は空気より軽いガスで浮上するため、巨大なガス袋が必要であった。よって、飛行船の大型化は避けられず、常に大きな空気抵抗を受けながらの飛行になった。巨大で空気抵抗が大きいため、操作性や速度に限界があり、同時に悪天候にも大きな影響を受けた。第二に、ガスによる浮力にも限界があるため、大きさの割には積載重量（人、荷物、機器類などの総重量）が少なかった。

2．20世紀最大の発明―ライト兄弟による人類最初の動力飛行

（1）学歴がなく無名の兄弟による世紀の偉業

　1903年12月17日、ライト兄弟によって人類最初の動力飛行が達成され、"20世紀最大の発明"である飛行機は現実のものになった。飛行に成功した場所はノースカロライナ州東海岸にあるキティホークであった。ライト兄弟が、初飛行の場所にここを選んだのは、一定の強い恒風があるという気象条件を重視したためである。キティホークがある細長い島は、幅が狭く両側が海岸で一帯が砂地になっている。砂地のため、ライト兄弟製作のライト・フライヤー号がソフトランディングできることも、この地が選ばれた理由の一つであった。それでは、何故オハイオ州の"自転車屋さん"に過ぎなかったライト兄弟は人類最初の動力飛行に成功し、他のライバルたちは失敗したのであろうか。

　当時ウィルバー・ライト（Wilbur Wright、1867-1912）とオーヴィル・ライト（Orville Wright、1871-1948）の兄弟は、オハイオ州デイトンで自転車製造・販売業に従事しており、それで稼いだ資金を動力飛行研究に注ぎ込んでいた。最大のライバルは、アメリカの著名な数学者であり天文学者であったサミュエル・ラングレー（Samuel Langley、1834-1906）で、ラングレーはライト兄弟より10年以上も前から飛行機の研究を始めていた。1899年にウィルバー・ライトがワシントンD.C.に本部のある学術研究機関スミソニアン協会へ航空に関する資料と英文の文献リストを請求した時には、協会の幹事であったラングレーは後進を指導する学者らしく、航空に関する自著の資料、当時の航空工学のパイオニアであったドイツのオットー・リリエンタール（Otto Lilienthal、1848-1896）の研究結果の英訳コピーなどを提供している。ラングレーにとって、独学で飛行研究を始めたばかりのライト兄弟は競争相手ではなかったのである。

当時のアメリカ政府は、既にこの時点で飛行機の将来の軍事面も含めた重要な役割を認識しており、国防省は1898年に、5万ドルもの研究費をラングレーに提供していた。ライト兄弟とラングレーは共に人類初の動力飛行を夢見ていたが、置かれた環境は大きく異なっていた。無名のライト兄弟は研究の面でも資金の面でも全て自力のまさに徒手空拳であり、一方のラングレーは、既に実績のある科学者で多額の政府援助を受けての恵まれた環境での挑戦であった。しかし、現実は皮肉なものでラングレーの飛行機"エアロドローム"による飛行実験はラングレーの助手マンリーが搭乗し、ライト兄弟の成功よりも早い1903年10月7日と12月8日にポトマック川（ウエストバージニア州北東部に源を発し、ワシントンD.C.の中心部を流れチェサピーク湾に注ぐ）で行われたが2回とも失敗に終わった。それでは、高校もまともに卒業していないで誰にも注目されていなかったライト兄弟は何故成功したのであろうか。

（2）飛行機の本質的な不安定性

　ライト兄弟が成功したのは、"飛行の本質的な不安定性"と"操縦の重要性"の認識が他の挑戦者と違っていたからであった。空中飛行は、地上や海上の移動と比較して桁違いに不安定である。ライト兄弟以外の多くの飛行機先駆者たちは、リリエンタールを除いて、三次元空間における飛行機自体がもたらす安定性だけを過度に追及したのであった。しかし、ライト兄弟は飛行機製作の構造面での研究に加え、不安的な空間での不安定な飛行を前提に、操縦の技術を高める努力を徹底的に追及していた（図2-2）。机上で飛行の研究を続けたのではなく、突風、雷雨、濃霧などの過酷な空の現実を想定して飛行機開発を行い、同時に厳しい操縦の訓練を行った。（飛行機開発の最大のライバルであったラングレーや他の開発者は、ライト兄弟ほど操縦訓練を行っていない）ライト兄弟は、安定飛行を前提とせず、"飛行機が空中でバランスを崩したら操縦で安定を取り戻せば良い"との発想で、グライダーで1000回以上の飛行訓練を積んでいた。兄ウィルバーは技術者として秀でており、弟オービルは運動能力が高く操縦技術が優れていた。つまりライト兄弟は二人が力を合わせることで、優れた技術力と操縦手法を手に入れたのであった。

第2章　航空の歴史

図2-2　ライト兄弟は何故"20世紀最大の発明"に成功したか

■事例研究　商業飛行の起源

　ライト兄弟の飛行成功からはじまって、初期の飛行は大空への冒険、また人類未踏の空の記録に挑む競技として世界の注目を集めたが、冒険や競技飛行の域を超えて安定的な航空輸送が実現したのはしばらく後のことである。利用者から運賃を収受しての商業飛行の起源については複数の説があるが、一定の定説となっているのは、フロリダ州タンパ湾での水上機（海や湖などの水面上に浮いて滑走が可能な船型のフロートを備え付けている航空機）による航空輸送である。1913年に St. Petersburg-Tampa Airboat Line が設立され、1914年1月に、タンパ湾を横断する距離35キロの航空輸送が開始された。それまで、この間は列車で移動すれば11時間以上かかっていたが、飛行時間はわずか20分であった。

3. 航空の成長期（1920～30年代）

（1）ヨーロッパ

　1918年11月に第一次世界大戦が終わると余剰のパイロットと軍用機があふれ、ヨーロッパで航空輸送事業設立の機運が高まった。1919年には英仏独3か国のみでも一挙に20社以上の航空会社が誕生したが、大部分は乏しい需要と弱い経営基盤ゆえに数か月ないし1年余で廃業、統合された。同じ1919年、現在のIATA（国際航空運送協会）の前身である国際航空輸送協会（International Air Traffic Association）が設立され、各航空会社間の運送上の調整や法律問題の解決を行なった。また、最初の国際航空条約であるパリ条約の審議も開始され、1919年に各国の調印を得て発効した。

　1920年代の世界航空輸送の中心は、ヨーロッパであり、そのなかでも圧倒的な

地位を占めたのはドイツであった。第一次世界大戦の敗戦国であったドイツは、1919年6月に締結されたベルサイユ条約により莫大な賠償金を課せられ、過酷な国家運営を強いられたが独占的国策企業の設立により航空輸送の分野で急速な成長をみせた。1926年1月に設立されたルフトハンザ航空は政府の強力な支援で路線を拡大し、1920年代末には全ヨーロッパの航空旅客の約3分の1（約12万人）を輸送していた。

一方、第一次世界大戦の戦勝国でありながらイギリスの航空政策は保守的で戦略性を欠いていた。1924年に設立された国策会社インペリアル・エアウェーズに、10年間で100万ポンドの補助金が投入されたが、1920年代末の年間旅客数はルフトハンザの4分の1にも届かなかった。この時期、イギリスが敗戦国であるドイツの後塵を拝しつづけたのは、航空輸送は国家の経済や外交を支えるという航空輸送の本質を政府、企業ともに十分理解していなかったからである。また、フランスもいち早く航空輸送への補助金制度を導入したものの、企業統合が進展せず基盤の弱い航空会社が複数存在し航空輸送全体としての進展速度はドイツに比べはるかに緩慢であった。

ドイツのルフトハンザは1930年代のヨーロッパにおいてもなお最大の航空会社であり続けた。航空企業再編成のおくれていた仏伊両国も、遅まきながら国策企業設立に動きはじめた。フランスでは1933年に5社を統合しエールフランスを、イタリアでは4社を統合してアラ・リットリア航空が設立され、両社とも政府から多額の補助金を受けて活動を開始した。イギリスではインペリアル・エアウェーズ設立後、1935年には他の3社が合併してヨーロッパ線を中心に運営するブリティッシュ航空が登場した。さらに、1939年11月には国際競争力強化の必要性から、インペリアル、ブリティッシュ両社を統合し、新たにBOAC（英国海外航空）を設立した。他の国々の航空会社においても、路線拡張を図り、また航空輸送が立ち遅れていたその他の国々（ギリシャ、ユーゴスラビア、エストニア、ラトビアなど）も独自の航空会社を設立するに至った。

Key word フーゴー・ユンカース（1859-1935）

　ドイツの技術者、実業家。航空機・エンジン等のメーカーであるユンカースの創業者。初期の飛行機は、大部分が木製の骨組みの上に布張り、一部にベニヤ合板や軽金属をはったものであった。このような木製の飛行機から脱し、全金属製の飛行

機を開発したのはドイツのフーゴー・ユンカース博士であった。最初の全金属性飛行機は、1917年に開発されたユンカースJ9とされている。

（2）アメリカ

　第一次世界大戦後のアメリカはヨーロッパと異なり大戦による地上交通の破壊もなく、鉄道が全盛を誇っていた。また、航空と鉄道の速度の差も現在ほど大きくなく、総じて航空輸送への関心はうすいものであった。唯一航空輸送に興味を示したのは郵政庁で、1920年代中期までのアメリカの航空輸送は郵便飛行が中心であった。郵政庁は、1918年からニューヨーク＝ワシントン間の運航を開始、ついで大陸横断空路を開設した。1925年に航空郵便法が成立、これにより従来郵政庁の行っていた郵便輸送を民間に開放し、かつ郵便輸送への補助として輸送コストを大きく上回る高額の逓送料の支払いが行われた。この補助制度は、国庫による特定業種（航空輸送業）補助の批判をやわらげるために間接的なかたちをとったもので、その金額は年間数百万ドルにのぼり、欧州諸国の補助金に匹敵する金額であった。

　ボーイングの創始者ウィリアム・ボーイングが起業したのは1916年、その後1927年には航空郵便の会社を設立、さらに会社設立にあわせ航空郵便用の新型機材25機を製造している。この時期の航空郵便はアメリカの航空産業に大きな飛躍をもたらした。北米大陸の様々な地点を縦横に結ぶ航空路の開拓、気象情報の蓄積、空港の整備、パイロットの技術向上など後の航空大国アメリカの旅客便輸送発展の布石となったのである。航空郵便発展の時代、郵便飛行パイロットたちは空路が未整備な状態で過酷な操縦を強いられた。チャールズ・リンドバーグ（1902-1974）はそのような厳しい飛行環境の中で鍛えられ、優れた飛行技術、豊富な経験、さらに強靭な精神力を持つ郵便飛行パイロットの頂点にいた。

■事例研究　チャールズ・リンドバーグの大西洋単独無着陸横断
　1927年5月27日午前7時52分、一人の青年飛行家が操縦する単葉機が、ニューヨークのルーズベルト空港を飛び立った。この無名の青年がチャールズ・リンドバーグ、愛機はライアンNYPスピリット・オブ・セントルイスで33時間30分後にパリのル・ブルジェ空港に着陸し、世界で初めてアメリカからヨーロッパへの完全な単独

無着陸横断（飛行距離は5,809km）に成功した。この飛行のきっかけは、当時のニューヨークのホテル王レイモンド・オルテーグがニューヨークからパリまで無着陸で飛んだ飛行家に２万5000ドルの懸賞金を贈ると発表したことであった。無名のリンドバーグに、この挑戦のための資金を提供したのはセントルイスの有力者たちであり、スピリット・オブ・セントルイスを製造したのはカリフォルニア州のライアン航空機製造会社であった。長距離飛行のため機体をできるだけ軽くする必要があり、燃料のガソリンは40時間分、その他ゴム製の折りたたみ式小型ボート、食料は５切れのサンドイッチ、２本の水筒を積んだだけであった。

　リンドバーグによる単独大西洋横断など数々の冒険飛行の成功により、人々は飛行機の安全性を認識し空の旅に関心を示しはじめた。この社会変化を察知し、大陸横断を目指す大規模な航空会社が設立された。1928年には、UATC（後のユナイテッド航空）とTAT（後のトランス・ワールド航空）、1929年にはイースタン航空、1930年にはアメリカン航空も登場、ここにいわゆるビッグ・フォアが成立し、以後の米国航空輸送を牽引することになった。

　1925年に成立した航空郵便法は民間航空を一気に成長させた。わずか５年後の1930年には43の航空会社が500機の航空機を所有し、延べ５万キロに達する路線網で年間50万人を運ぶ産業に成長し、アメリカは短期間でヨーロッパを抜き去った。同じ年、航空郵便法第３次修正案が議会を通過し、航空会社はさらに潤沢な補助金を受けることができる体制が整った。これら多額の補助金に支えられて1929年の世界大恐慌にもかかわらず、アメリカの航空輸送はさらに発展することになった。

　このように政府の手厚い支援で大きく成長したアメリカの航空産業はドイツにかわって1930年代の航空輸送をリードすることになったが、この時代のアメリカは、ドイツのように海外進出せず国内航空充実に力をそそいだ。アメリカの広大な国土、膨大な需要、強力な政府の助成政策で、アメリカの航空事業は加速度的に発展し他国の追随を許さぬレベルにまで達し、同時に鉄道を抑えて航空輸送は人々の生活のなかに定着していった。航空事業の将来性を十分認識していたアメリカ政府は、1934年法律を改正し航空事業への補助をより手厚いものにした。このように政府支援がエスカレートする一方、企業経営を規制していた1926年成立の商業航空法は時代の変化とともに実質的効力を失いかけていた。航空会社の経

営は事実上放任状態となり、過当競争による経営の悪化、あるいは運航面の問題などが顕在化していたのである。そこで政府は、1938年に規制をベースにした新しい航空法を公布し民間航空局（Civil Aeronautics Board）を創設、それまで商務省と郵政庁に分かれていた権限を一元化し航空行政の整備を行った。

この間、ビッグ・フォアがますます強大化する一方、中規模以下の航空会社も統廃合をくり返し1930年代後半には20前後の航空会社が定期航空事業に従事するに至った。安定しはじめた航空各社の経営を、さらに改善したのは、1930年代中期に出現したボーイング247、ダグラスDC-2、DC-3などの近代的輸送機で、これらの航空機により大陸横断が15～17時間で可能になった。1930年にはまだ1億6000万人キロ[1]にすぎなかったアメリカの航空輸送は、1936年には8億人キロ、1940年には17億6000万人キロに達し全世界航空輸送のそれぞれ50％、67％を占めるにいたった。

■事例研究　パンアメリカン航空の台頭

　1930年代のアメリカ航空輸送を象徴するもうひとつの出来事は、パンアメリカン航空の台頭であった。1920年代後半ドイツ企業が南米に進出すると、アメリカ政府は、ドイツの航空路拡大に対抗するため、1928年にパンアメリカンを中南米に進出させた。パンアメリカンは1927年に設立されたフロリダの小さな航空会社に過ぎなかったが、1930年までに、メキシコおよび南米北岸を経由するカリブ海一周環状線、さらにマイアミから南米大陸の東西両岸をそれぞれ南下してブエノスアイレスにいたる2本の空路を完成し、わずか1年半でドイツの進出阻止とのアメリカ政府から与えられた任務を果たした。そして、中南米現地政府の抵抗にあいながらも、次々と権益を確保しドイツの勢力を完全に凌駕するに至ったのである。この成功によって、パンアメリカンの名は一躍脚光をあび、政府の全面的支援を受け長距離国際線独占の国策企業としての地位を確保した。数年前までは小規模なフロリダの一航空会社が、いまや欧州列強の国策会社に伍し、熾烈な国際競争の一方の雄として、アメリカの海外進出の先兵となったのである。

1）航空輸送の旅客輸送量は旅客数だけでは輸送距離が異なるため指標としては不十分である。よって通常は旅客数（人）に距離（キロメートル）をかけた指標を使用する。

(3) 植民地への航空路開設

　航空技術の進歩により航空の輸送能力は他の輸送手段を大きく引き離し、世界の大国は植民地支配への政治的、経済的進出の有力な手段として航空輸送を最優先で利用しはじめた。その結果、世界各地へ長距離航空路が相次ぎ開設されることになった。

　ヨーロッパの各国政府が自国航空会社に課した目標は、インド経由アジア路線の開設であった。その背景には、1920年代末から始まったアジアに植民地をもつイギリス、フランス、オランダ3か国間での戦争があった。イギリスのインペリアル航空は、1927年に将来のアジア路線の布石としてカイロ＝バスラ間（バスラは、イラクの湾岸都市）の定期航空を開始していたが、毎年これを延長し、オーストラリアのカンタス航空との提携によって、1934年にはついにロンドン＝シドニー間の空路開設に成功した。オランダは1931年にアムステルダム＝ジャカルタ間の輸送を開始、フランスは同年、パリ＝サイゴン間の郵便輸送を開始し、その後、ハノイ及び香港への旅客輸送を開始した。ドイツはルフトハンザにより1939年にベルリン＝バンコク間の空路を開設した。ヨーロッパの先進諸国は、同時にアフリカ諸国への空路も開設した。これらの路線は採算ラインにはほど遠く、いずれも多額の国費をつぎこんで運航を維持した極めて政治的な航空路線で、現在も変わらずに存在する航空輸送事業の政治的な側面を端的に象徴したものであった。

　その他、1930年代には中国への進出を意図していた世界の有力国は中国をベースにした航空会社を設立した。ドイツは33％を出資し欧亜航空公司を、アメリカは45％を出資し中国航空公司を、ソ連は中ソ合弁の西北航空公司を設立した。日本は陸軍が設立した航空会社により占領地全域の輸送を行った。

(4) 大西洋・太平洋線の開設

　植民地への航空路の完成によって高速交通網の整備を終えたヨーロッパ列強が、次に向かったのは大西洋路線の開設、さらに南米への路線開設であった。しかし当時の航空機の航続能力では、大西洋を横断することは不可能で様々な代替方式が実行された。フランスは、アフリカまで航空輸送を行い、アフリカから南米東北部までを船便とする郵便輸送を1928年に開始、ついでドイツも参入した。ドイ

ツのルフトハンザは、大型カタパルト（船上の射出機）を備えた専用船を洋上の中間に浮かべ飛来した水上機に、この専用船で燃料を補給し対岸へ送り出すという方式を開発した。

　1929年に、ドイツは客船ブレーメン号とオイローパ号に水上機を乗せ、船が目的地の500キロ手前に近づくと水上機が飛び立ち郵便を運ぶ実験を試みた。本格的な航空輸送が開始されたのは1936年に入ってからで、ドイツは南大西洋で試みた中継船方式を応用してベルリン＝アゾレス（大西洋中央部の諸島）＝ニューヨーク間の空路を開拓した。

　米英は強力なルフトハンザに対抗するため、1936年にパンアメリカンとインペリアル航空が協定を結び1937年6月からニューヨーク＝バミューダ間（北大西洋にあるイギリス領土）の旅客輸送を相互に飛行艇にて開始した。その後、パンアメリカンは新機材ボーイング「314クリッパー」を使って1939年5月からニューヨーク＝マルセイユ間、同年7月からニューヨーク＝サザンプトン間（イギリス南部の都市）の旅客輸送を開始した。これにより本格的に大西洋を横断する航空路が開設されたが、リンドバーグの単独横断以来、わずか12年目のことであった。1940年、世界の航空輸送量は27億2000万人キロに達し、ヨーロッパとアメリカは1日半、アメリカとアジアは5日間で結ばれるようになっていた。

■事例研究　飛行艇（flying boat）

　飛行艇とは、水面で離着陸できる飛行機のうち、胴体部分が水面に接するように設計されたものである。車輪つきの陸上機は滑走路が必要だが、飛行艇は広い静かな水面があれば、どこでも離着陸できる。水上機はフロート（水上で静止を可能にする舟形のもの）を持つ小型飛行機で、水上で離着陸できる機能があることは飛行艇と同じだが、水上を滑走する時の安定性は、飛行艇が圧倒的に優っている。飛行艇はフロートや車輪で機体の重さを支える必要がなく、海面なら滑走距離に制限がなく大きくて重いものを造ることができる。1929年に完成したドイツの飛行艇「ドルニエDoX」は、全金属製で全幅47.8m、全長40.1m、速度242km/時、12台のエンジン、最大乗客数169人で当時世界最大であった。

4．第二次世界大戦

（1）アメリカ―戦後は航空事業の黄金期

　第二次世界大戦突入に伴い各国ともその航空事業は大きく方向転換を迫られた。アメリカの国内線は商業輸送も行われたが、参戦後は軍事輸送優先であった。国際線は、太平洋路線は中止されたが、パンアメリカンの大西洋線は政府管理のもとに運航が継続された。

　6年にわたった第二次世界大戦も終わり、世界は1944年のシカゴ会議によって生まれたICAO（国際民間航空機関：International Civil Aviation Organization）と新しい国際民間航空条約（シカゴ条約）のもとに航空輸送の新時代を迎えた。1946年の輸送実績は一躍前年の2倍の166億人キロに達した。これは主にアメリカの輸送量が倍増したためであるが、アメリカでは大小数十社が航空事業の黄金時代を迎えようとしていた。もはや鉄道は完全に圧倒され飛行機は特殊な交通機関ではなくなっていた。

　国際線では、パンアメリカンの強大な地位は変わらなかったものの、1946年から48年にかけてカナダへはユナイテッドなど4社、メキシコへはアメリカンなど3社、南米へはブラニフが進出した。また、1945年からはトランス・ワールドが大西洋線に、ノースウエストが太平洋線に進出した。この時期におけるもう一つの特色は、数多くのチャーター専門会社と貨物輸送専門会社の出現であった。

（2）ヨーロッパ―長期の戦争で疲弊した航空事業

　イタリアでは、参戦後ただちに航空会社は空軍の直属機関として組み込まれた。ドイツではルフトハンザの組織は残されたものの空路網はほとんど軍事輸送のために使用された。世界各地に路線を拡大し世界最大のネットワークを維持していたルフトハンザはドイツの敗戦により1945年に20年にわたる運航の歴史を閉じた。フランスではエールフランスの航空機の大部分がドイツに接収されたが、一部は北アフリカで軍需輸送を行なった。イギリスは対独宣戦後、設立早々のBOACの大西洋線を切り捨てて豪州およびアフリカ線運航に集中した。1941年5月には大西洋線を復活し、主に爆撃機を改装した航空機によって、終戦まで1,500回余の運航を不定期便として行なった。

長期の大戦で疲弊しきっていたヨーロッパの航空輸送が戦争の打撃から回復するまでには数年待たなければならなかった。しかし、戦争は一面で航空機、運航技術、また航空関連設備の進歩をもたらし、通信・航空援助設備の整った飛行場を数多く残した。

　戦後、巨大なルフトハンザの抜けた欧州市場で動きだしたのはイギリス、フランス、オランダであった。その他、北欧3国共同によりSAS（スカンジナビア航空）が誕生した。イタリアは戦争の早い段階で降伏し連合国傘下に入ったため、1947年に航空事業の復活が許され8社が競合する状態になったが、1957年にすべての会社がアリタリア航空に統合された。さらに、戦後の混乱のなかでスイス、アイルランド、スペイン、フィンランドなどで新興の国際線航空会社が台頭、また、その他の国々でも国家政策として国際線航空会社の設立が進められた。新たに形成された東欧ブロックでは、ソビエトの援助で航空事業を再建し、まずブロック内の空路網編成が行われた。しかし、その中心にいたソビエトでも航空の回復には時間を要し、国営航空会社アエロフロートによって1940年代末までに国内線ネットワークは一応復活したものの海外進出する余裕はなかった。ヨーロッパの航空機能がほぼ回復したのは1950年前後であるが、当時の輸送量は東欧圏を含めても74億人キロで、アメリカ1国（同163億キロ）の半分以下であった。

（3）中南米、アジア、オセアニア―新メンバー「日本航空」

　世界の航空会社の中で一時的ではあるが、最大の戦時利得者は中南米諸国の会社であった。直接の惨禍を受けず、加えて米軍特需による輸送量増加もあって各社は急成長をとげた。しかし好調な経営も1950年代に入るとしだいに衰えはじめ、他の地域の復興、進展によって相対的に低下した。

　英連邦諸国でも企業統合が進み、カナダで2社、オーストラリアでカンタス航空など3社、インドで2社に集約された。東南アジア・極東地域で注目されたのはインドネシア、フィリピン、タイ、香港、ビルマ、マレーシアの航空会社であった。中国では1952年に中華人民空運公司が設立された。1950年、世界の航空輸送量は296億人キロに達し15〜20％の成長率で急拡大を続けていた。いずれの地域においても、航空は無くてはならない交通手段となり、より密度の高い航空輸送が広範囲にわたって展開されようとしていた。このような情勢のなかで、世界は、新しいメンバー「日本航空」の出現を迎えるのである。

5．我が国の航空輸送

（1）堺＝徳島、堺＝高松の航空輸送開始

　我が国では、1910年の徳川・日野両大尉の初飛行成功を経て、第一次世界大戦に至るまで航空に関する社会の関心は個人の冒険飛行と軍事面への応用が主であった。1920年には、商業飛行の開設申請が政府に提出されるようになったものの、政府は民間航空の法整備に手間取っていた。

　1922年になって、我が国で最初の定期航空輸送を行ったのは日本航空輸送研究所であった。次に、朝日新聞社系と川西機械系の会社が航空輸送を開始した。日本航空輸送研究所は、海軍から中古水上機の払い下げと現役操縦士の割愛をうけて瀬戸内海運航を行った。堺市の海浜に基地を設け、1922年11月15日から堺＝徳島間で定期運航を開始し主に貨物輸送を行ったが、これがわが国最初の定期航空輸送である。同じ時期、堺＝高松間で定期運航を開始、つづいて1923年末から非公式郵便輸送を開始、24年に今治、25年に松山、26年に大分、27年には別府まで路線を延長した。また、短期間であったが28年から堺＝白浜線も開設した。朝日新聞社は、新聞の販売促進のため新しい輸送手段としての試験的運航を1923年1月11日から浜松を中継点として東京─大阪間で開始した。川西機械製作所は自社製の水上機により、1923年7月から瀬戸内海で運航を行った。

　これら草創期の3社は、本格的な国策企業発足計画の影響で早い段階で事業を停止するが、1922～23年の創業は、ヨーロッパにおける航空事業の本格的開幕に遅れることわずか数年で、小規模ながら航空輸送が十数年も維持されたことは画期的なことであった。（尚、草創期の3社は、その後の国策会社設立に伴う政府の企業統合政策によって、1939年までに姿を消した）

（2）日本航空輸送設立

　1928年10月20日、国策会社である日本航空輸送株式会社が設立され、1929年4月1日より東京＝大連線（5地点経由）の運航が開始された。同社は貨客需要が予想を大幅に下回ったため経営難におちいった。運航面においても、当初計画した大阪＝上海間は中国側が同意しなかったため実現せず、創業後の6年間は大連線のみの運航であった。1931年9月の満州事変勃発後、陸軍はただちに日本航空

輸送のフォッカー・スーパーユニバーサル5機を強制的にチャーターし、戦線後方での支援輸送を指令した。同社に対する政府からの補助金支給の条件の中には、「政府は非常の際においては各路線の飛行機、格納庫その他の設備および乗員ならびに地上勤務員を使用するを得」という項目が含まれていた。

日本航空輸送の運営は政府の補助金によって支えられ、創業当時は総収入の90％を補助金が占めていた。しかし補助金割合は、1936年下期には40.7％と改善の兆しをみせた。それは、1933年から開始された東京＝大阪間の夜間郵便輸送、また、1935年からの台湾路線運航など事業拡大によるものであった。日本航空輸送を、さらに拡大に導いたのが日華事変の勃発であった。1937年7月、華北で戦端が開かれると、陸軍はただちにフォッカー・スーパーユニバーサル9機の提供を命じ、これを現地での連絡・輸送にあてた。さらに、戦火が拡大するにつれて日本国内と大陸間の輸送需要が急増し、日本航空輸送は軍事空輸機関への傾斜を強めていった。このようにして、わずか2年前まで赤字に苦しんだ日本航空輸送は、1938年には総収入の3分の1にあたる補助金、また4分の1にあたる軍事収入が収支を改善した。

この時期には、中国系航空会社が3社設立されている。1932年11月から運航を開始した満州航空は日満合弁企業であったが、実質的には関東軍（満州に配備された陸軍部隊）の支配下にあった。次に満州の支配を確立した陸軍が、華北へその手を伸ばすにあたって1936年に設立されたのが恵通（けいつう）航空であった。その後、中国本土での占領地域の拡大とともに航空需要が増加し、また、陸軍が占領地の行政機関として樹立した3つの政権（北京、上海、包頭の3か所にあった）相互間の連絡の必要性が高まったため、1938年には、恵通航空を母体として中華航空（現在のチャイナエアラインとは無関係）を設立した。

（3）大日本航空設立

1938年12月、日本航空輸送は解散され大日本航空が設立された。この時期、ドイツとの軍事同盟を進めていた陸軍は、アジアとヨーロッパの間を運航する国際航空を1937年に設立した。一方、海軍にも独自に航空会社設立の動きがあった。この軍主導による航空会社並立を危惧した逓信省は、混乱回避のため、日本航空輸送と国際航空を解散し新会社である大日本航空を設立した。大日本航空の最大の目的は戦地への国際線の開設であった。国際線の最初の目標は、軍部にとって

南方侵攻の戦略的要地であったタイへの路線であった。日英勢力の谷間にあったタイとの航空交渉は難航したが、最終的には合意し1940年6月より東京＝バンコク間週1往復の運航を開始した。第二の目標は、海軍の要求を入れて南洋委任統治領への空路開設であった。この南方への展開は、1940年3月から、横浜＝サイパン＝パラオ間の路線などミクロネシアへの空路開設には成功したものの、それ以遠への路線開設は失敗に終わった。

　1940年から41年初めにかけて、陸海軍はそれぞれ大日本航空に対する戦時動員体制を確立、情勢の緊迫とともに大日本航空の全てを戦争に投入せしめるよう動員計画も拡大した。事実上完全な軍管理下におかれた大日本航空は、戦時体制に切りかえるため、1942年春に組織改変が行われ、社内機構は第1運営局（陸軍関係）と第2運営局（海軍関係）に二分された。これら輸送機隊によって運営された軍用定期路線は当初は壮大なものであったが、ネットワークが完全に維持されたのは1943年までで、連合軍が反抗に転ずると拠点の陥落にともなって輸送機隊のルート網は漸次縮小を重ねた。戦況が悪化し輸送機隊は後方輸送のみではなく、ラバウル（パプアニューギニア）、ホーランディア（インドネシア、現在のジャヤプラ）など最前線への補給や残存兵員収容に飛び、また、海軍の輸送隊は南シナ海の哨戒（敵襲撃に備えた警戒行動）作戦に動員されるなど、しばしば戦闘部隊に近い行動に従事した。これにより輸送機隊の損害は拡大、乗員のあいつぐ戦死と作業量の増大によって乗員不足はますます深刻化し、大戦末期には操縦士一人当たりの飛行時間が月間130時間にも達した。

　1944年末期になると、敵戦闘機の出没はいよいよ頻繁になり、輸送機隊の飛行は主に夜間に限定されるようになった。さらに粗製乱造の航空機の故障頻発と未熟練乗員の増加が拍車をかけて運航率は大幅に低下した。南方地域相互間は、かろうじて運航が維持されたが燃料の枯渇した国内では、もはや海外へ輸送機を送り出すことさえ不可能になった。こうして、一時は路線総延長7万キロにおよんだ戦時航空路線も、ルートは寸断、乗員は疲弊、運航は激減し壊滅的な状態で終戦に至った。終戦と同時に連合軍は日本の全航空機の運航を禁止し、大日本航空は1945年10月に解散、所有航空機のうち、国内に残存していた89機が年末までに連合軍の手で破壊された。

6．7年間の航空禁止時代

（1）我が国の敗戦と占領政策

　我が国は敗戦で、国土は荒廃、経済活動を支える生産設備の多くは破壊された。政府は疲弊しきっており、米の供出を農民に懇請して何とか飢餓の蔓延を阻止しようと動くのがやっとであった。我が国は、GHQの対日政策下での貧困と不安にみちた過酷な時代を迎えたのであった。

> **Key word**　GHQ（連合国軍最高司令官総司令部）
> General Headquarters, the Supreme Commander for the Allied Powers
> 　GHQは、第二次世界大戦終結後、ポツダム宣言執行のために日本を占領し間接統治を行った連合国軍の機関である。総司令部（General Headquarters）、あるいは進駐軍、占領軍と呼ばれることもある。1945年8月14日、アメリカ太平洋陸軍総司令官のダグラス・マッカーサー元帥がGHQの最高司令官に就任した。本来連合国は、米国、英国、ソ連、中華民国などをさすが、日本の占領軍の大部分はアメリカ陸軍第8軍で構成されており、実質的にはアメリカによる占領であった。1951年4月11日、マッカーサーがトルーマン大統領により解任され、同年9月8日に、我が国は連合国48カ国とサンフランシスコ講和条約を調印し、1952年4月28日の講和条約発効に伴いGHQは廃止された。

　占領政策の目的は、日本の民主化と非軍事化であった。軍事産業の徹底した解体による軍事能力の壊滅、また、財閥解体、農地改革、労働組合の育成など社会体制の変革が行われた。航空もまた非軍事化の一環で、航空機の運航、航空機の製造、修理はもとより、航空分野の学術的研究、資料の収集、教育まで完全に禁じられた。それは、軍、民間を問わず、日本のいっさいの航空事業を完全に抹殺するというもので、これにより、我が国の航空は一切何もできない7年間の航空禁止時代（「航空ゼロの時代」、「7年間の空の空白」とも呼ばれる）に突入したのであった。

　GHQは、終戦まもない1945年8月24日、日本国籍の航空機全ての飛行を禁止し、ついで9月2日、占領軍司令部の覚書によって、日本政府は、全ての飛行場と航空保安施設を良好な状態で連合軍に引き渡すよう命じられた。9月22日には、

降伏後の日本に関する米軍の最初の政策が発表され、その「武装解除並ニ軍国主義ノ抹殺」と題する一節には「日本ハ陸・海・空軍、秘密警察組織乃至如何ナル民間航空ヲ持ツコトハナラヌ。陸・海軍ノ資材、陸・海軍ノ船舶、陸・海軍ノ諸施設並ニ陸・海軍及ビ民間ノ引渡サレ、最高司令部ノ要求ノ侭ニ処分サレネバナラヌ」と書かれており、その後3カ月の間に旧日本軍所属の軍用機は徹底的に破壊され、民間航空機もほぼ同様に措置された。

　GHQ の我が国に対する航空政策は日本政府への命令書である11月18日付のGHQ 指令301号により全て明らかにされた。航空行政を掌握する運輸省航空局、中央航空研究所、航空機乗員養成所、東京帝国大学航空研究所なども1945年12月から翌年1月の間に解体された。この指令は航空に関わる組織の廃止、解散、事業活動の禁止にとどまらず、同じ敗戦国であるドイツには要求していない調査、研究、教育の禁止までも含む世界の歴史に例をみない完全な包括的航空禁止令であった[2]。その原文は下記の通り。

GHQ 指令301号の原文主要部分：

GENERAL HEADQUARTERS
SUPREME COMMANDER FOR THE ALLIED POWERS
18 November 1945

MEMORANDUM FOR: IMPERIAL JAPANESE GOVERNMENT.
THROUGH　　　　　: Central Liaison Office, Tokyo.
SUBJECT　　　　　: Commercial and Civil Aviation.

1. You will abolish by 31 December 1945 all governmental and semi-governmental bodies concerned with commercial or other civil aviation in any of its aspects except those activities specifically authorized for operation under the direction of the Supreme Commander.
2. You will take necessary measures by 31 December 1945 to effect the dissolution of all companies, partnerships, or associations of any kind which have been

---

2) 川野（2001）、p.9

engaged in any way with relation to commercial air transport or other civilian air operations, or in pilot or other training related to aircraft design, construction, maintenance or operation.
3. You will submit to this headquarters not later than 15 December 1945 a register of officers, principal operating   officials, professional engineering and research personnel, pilots and instructors of the organizations affected by the above dissolution.
4. On and after 31 December 1945 you will not permit any governmental agency or individual, or any business concern, association, individual Japanese citizen or group of citizens, to purchase, own, possess, or operate any aircraft, aircraft assembly, engine, or research, experimental, maintenance or production facility related to aircraft or aeronautical science including working models.
5. You will not permit the teaching of, or research or experiments in aeronautical science, aerodynamics, or other subjects related to aircraft or balloons.
6. Acknowledgment of receipt of this memorandum is directed.
  FOR THE SUPREME COMMANDER:

（2）航空禁止令の起点

　我が国の航空禁止令のルーツは1943年11月11日に、ホワイトハウスでルーズベルト大統領が開催し、世界の戦後の航空体制を協議した政策会議であった。ルーズベルトは会議の場で、「ドイツ、イタリア、日本は、どんな形であっても航空機産業や航空会社を持つことは許されない。彼らに許されるのは、空港での整備とその国でのサービス業務だけだ。ゴム紐で飛ばせる模型飛行機より大きい物体を飛ばすことは一切禁止する」と言った。尚、イタリアは1943年9月に、ムッソリーニの失脚とともに連合国に降伏し連合国側へ加わったため、イタリアには厳しい航空禁止政策は適用されていない[3]。

3）日本航空調査室（1974）、p.13

7．何故、我が国だけ厳しい航空禁止令が課せられたのか？

（1）我が国だけが厳しい禁止令が課せられた二つの理由

　ドイツは、我が国と同様に連合軍占領下で航空輸送や航空機製造が禁止されたが、何故日本だけに航空の教育、調査研究、情報収集までも禁止する厳しい政策が適用されたのであろうか（図2-3）。

■理由1―ドイツは欧州の同胞

　日本の占領は米国による単独統治であったが、ドイツの占領は米英ソ仏4カ国の分割統治であった。ドイツの分割統治に至る経緯から、ドイツが、日本ほど厳しい航空禁止令を課せられなかった理由を知ることができる。1945年2月にクリミア半島のヤルタで、米国ルーズベルト、英国チャーチル、ソ連スターリンによる首脳会談が開催された。このヤルタ会談において、ドイツの戦後処理、国際連合設立など大戦後の体制について話し合われた。「ドイツによる賠償と管理体制」、そして「ドイツの占領管理へのフランスの参加」については、チャーチルとスターリンの意見が激しく対立した。その概要は以下の通りである。

①ドイツによる賠償と管理体制

　ソ連は、ドイツによって甚大な被害を受けたことからドイツの軍事的復活を完全に阻止する意図があり、ドイツを小国群に分割するなど全面的解体、ドイツの重工業を80％削減するなど経済的破壊、かつ多額の賠償金を求めた。一方、英国はドイツの再生を不可能にするような解体と破壊に断固として反対した。英国は、ヤルタ会談の前に既に戦後の欧州におけるソ連の優位な体制に対抗するためにフランスをたのみとする政策を確立していた。同時にドイツも、英仏側の陣営に参画させる構想を持っていたため解体と破壊に反対した。英国もソ連も、最大の関心事は戦後の体制であった。チャーチルは、大戦後はソ連が脅威になることを想定しており、その脅威に一国だけで対抗することは難しく、ドイツやフランスと一体となって対抗することが不可欠であった。また、ドイツを弱体化する賠償金をこの時点で決定すべきではないと主張し、結局賠償金の問題は先送りされた。

第2章　航空の歴史

図2-3　何故、我が国だけ厳しい航空禁止令が課せられたか

②ドイツの占領管理へのフランスの参加

　ソ連は、フランスが戦争での貢献度が低いという理由で、ドイツの占領にフランスが参加することには反対であった。チャーチルは、上述の通り、戦後ソ連の脅威に一国だけで対抗することは難しくフランスの協力が不可欠だと考えフランスの参加を強く主張した。米国のルーズベルトは、フランス大統領ドゴールとは相性が悪くフランス参加には消極的であったが、側近の意見をいれてフランス参加に賛成した。ソ連は、英国と米国の占領地域の一部をフランスに提供するのであれば、ソ連の占領に影響を及ぼさないと判断し、これを条件にフランスの参加に同意した。

　ソ連は、歴史的にナポレオン戦争（1796-1815）以降西からの侵略を受け続けてきたため西側への猜疑心が強く、また第二次世界大戦での死者は1600万人以上と他の連合国とは比較にならないほどの甚大な被害を被った。よってドイツの非工業化により徹底的にドイツの弱体化を図ろうとした。しかし、イギリスは、ヨーロッパ最大の潜在的経済力をもつドイツを欧州の同胞として経済復興させることにより、ソ連の膨張主義への防波堤になり結果としてヨーロッパ全体の早期復興につながると考えた。イギリスはチャーチルの政治力が功を奏し占領区域はルール工業地帯を含むドイツで最も重要な地域を獲得した。そして、占領開始時からドイツの工業力を壊滅する意図はなく（よって、航空に関する研究や情報収集まで完全に禁止する意図はなく）、将来のヨーロッパを見据え、連合軍最大の目標であった非ナチ化にさえ消極的で、ドイツの経済再建を優先したのである。

> **Key word** チャーチルの三つの環

　チャーチルは戦後、①英連邦ならびに大英帝国、②英語圏（特にアメリカ重視）、③統一ヨーロッパという"三つの環（わ）"を外交政策の機軸に据えた（図2-4）。イギリスは、この三つの環が交差するところにあり、どの環からも外れてはいけないとの考え方を基礎に、イギリスの国際的影響力維持と西側諸国の結束を達成しようとした。敗戦後のドイツへの対応は、この外交政策に基づいたものであった。複数の関係性が交差する位置に自らを置くことで、単独では発揮しえない影響力を維持しようとしたのである。

■理由2―国際的ジャーナリストと海外のドイツ人の存在

　当時のドイツ社会は日本に比較すれば国際化、近代化が進んでおり、海外の多くのジャーナリストが滞在し自由に活動していた。ジャーナリストたちは権力を監視するとの視点から、占領する側の一方的な統治には批判的であった。また、アメリカなど海外主要国においてドイツ系住民がかなりの比重を占めており、この存在も影響を与え占領軍が過度な占領政策を実行することは現実的に不可能であった。

（2）EU、そしてエアバスの原点

　ドイツを欧州の同胞とみなす考え方は、EU設立の歴史を見れば明らかであるが、航空分野でも早い段階で実現している[4]。1960年代にヨーロッパ諸国共同で航空機開発を推進しようとする機運があり、1965年のパリ航空ショーの頃には、計画は本格的に進み始め、フランスはイギリスとの話し合いを進める一方でドイツにも打診していた。ドイツは航空関連企業7社によるエアバス研究グループという組織を通じてフランスからの呼びかけに応えた。この英仏独の共同事業としての航空機開発にはフランスが特に熱心で、1967年5月パリで関係閣僚による会議が開催された。議長はフランス外務大臣アンドレ・ベッテンクール、ドイツからは経済省の事務次官ヨハン・チルホルン、イギリスからは技術相ジョン・ストーンが出席した。この会議以降、三カ国で様々な取り決めがなされたが、その中でエアバス構想が決定され、三カ国全ての国営航空はエアバス機を購入すること

4）Lynn（1995）, pp.124-125

第2章 航空の歴史

図2-4 チャーチルの3つの環

を定めた。アメリカも当初はドイツへ厳罰を課すモーゲンソー・プラン[5]の内容を継承していたが、占領開始直後に、戦前からすでにヨーロッパ経済の中心的な位置をしめていたドイツの復興無しにヨーロッパ全体の復興が不可能であることに気づくのであった。アメリカの対独政策転換のイニシアティブを取ったのはルシアス・クレイ将軍（後に、欧州における占領軍の最高責任者になる）で、クレイとその側近たちはドイツ経済再建に全力を傾けることになった。このような事情で、全体として西側ドイツの占領時における社会制度改革は、日本における占領改革に比較し緩やかであった。

8．何故ドイツの技術は生き残ったか？──ドイツの技術者は海外、日本の技術者は国内

前節で解説の通り、ドイツと日本における航空禁止令の厳しさは異なるものであった。それに加えて、ドイツと日本の航空技術者たちの戦後とった行動の違いがドイツと日本の今日の航空機製造への取組みの違いをもたらした。現在、ボーイングと並ぶ世界最大の航空機メーカーであるエアバスには、戦前から戦中にかけてのドイツの世界最高峰の航空技術が引き継がれている。一方、かつて世界の航空大国であった我が国の航空産業は、同じ敗戦国であったドイツに大きく引き離され、航空機製造業が外国社の下請けに甘んじざるをえない状況が生まれた。

---

[5] 当時の米国財務長官ヘンリー・モーゲンソーにより大戦中に立案されたドイツ占領計画で、ドイツから戦争を起こす能力を未来永劫奪うための過酷な懲罰的計画。

ドイツの航空技術者たちは、航空禁止令が課せられているなら、戦勝国の監視の目が届きにくい海外で航空機製作に関わるというフットワークの軽さがあった。この占領期という大変厳しい時代を生き抜いたしたたかさが、ドイツの航空技術を温存し後にエアバスの中で再び花を咲かせたのである。

　エアバスの最大の株主はドイツのダイムラーグループである。そして、その航空部門はドイツの著名な航空技術者メッサーシュミットが創設した企業（メッサーシュミット航空機製造）の技術力が支えている。エアバスの従業員は全世界で5万人を上回るが、大半はドイツとフランスで働いている。主力工場は、フランスのトゥールーズとドイツのハンブルグにあるが、欧州以外では2009年には中国の天津でA320シリーズの組立工場が完成、またボーイングの本拠地米国のアラバマ州モービルに工場を建設し2015年に組立を始めた。

　第一次世界大戦でも敗戦国であったドイツでは、飛行艇の開発者として有名なクラウディウス・ドルニエ（1884-1968）は、スイスの工場を借り、さらに、イタリアのピサに新しい飛行艇を製作する会社を設立し航空機製造を続けた。エルンスト・ハインケル（1888-1958）は、一時故郷に帰っていたが、中立国であったスウェーデンにおいて航空機製造を再開した。後にドイツの航空機製造を担うことになるハインリヒ・フォッケ（1890-1974）は、1923年に共同でフォッケウルフ航空機製造会社を設立、ヴィリー・メッサーシュミット（1898-1978）も同年メッサーシュミット航空機製造会社を設立、クルト・タンク（1898-1983）は、1924年にベルリン高等技術学校卒業後、航空技術者として飛行艇メーカーのロールバッハで、航空技術者としてのキャリアを開始した。

　第二次世界大戦後も、ドイツは第一次世界大戦と同じ方法で航空技術を継続させた。メッサーシュミットを社主とするメッサーシュミット社の航空技術は、世界の最高水準であったため、敗戦後も戦勝国、特に米国、フランスが手に入れようと積極的に動いた。メッサーシュミット自身へも諸外国から多くの勧誘の手がのびた。第二次世界大戦末から戦後にかけて、米国は、多くのドイツ人科学技術者を自国に連行したが、優れたドイツの科学技術を取り込む作戦は、"ペーパークリップ作戦"と呼ばれた。

　メッサーシュミットは、結局1951年にスペインに招かれ航空機開発に再度関わることになった。スペインではジェット機を開発し、スペイン空軍で1970年代まで使用されている。メッサーシュミット社は合併を経て1969年にメッサーシュミ

ット・ベルコウ・ブルーム（MBB）になるが、ドイツに戻ったメッサーシュミットが一時会長を務めていた。MBBは、ダイムラーグループに買収された後、ヨーロッパの防衛連携が進展し、2000年にフランス、スペインの企業と合併しエアバスの親会社であるEADSを創設している。（EADSは2014年にエアバス・グループに社名を変更した）

　ドイツ敗戦後、メッサーシュミット以外の多くの航空技術者たちも海外に移って研究、開発を続けた。ハインリヒ・フォッケは、戦後フランス企業のヘリコプター事業やドイツの自動車製造に関与した後、1952年には、彼の設計チームとともにブラジルの中央航空技術研究所で働いた。1956年にフォッケはドイツに帰国しヘリコプター開発に従事した後にドイツ航空宇宙センターの技術コンサルタントを務めている。クルト・タンクは、部下60人をつれてアルゼンチンへ向かい、コルドバの航空技術研究所で航空機製作に関わった。アルゼンチンは戦争終了直前まで中立の立場であったため、ドイツ人が働きやすい環境にあった。

　欧州各国は長い間隣国との戦いに明け暮れてきた。ドイツは欧州のほぼ中央に位置することから歴史的にも多くの戦争に巻き込まれており、戦争に負けた時の知恵や要領を身につけていた。航空禁止令が科せられても禁止令をかいくぐるしたたかさを持ち合わせていたのである。

Key word　ペーパークリップ作戦

　ナチス・ドイツの科学技術力は大変優れたものであった。航空の多くの分野においても、米英の技術を上回っていると連合国側は認識していた。ペーパークリップ作戦（Operation Paperclip）とは、第二次世界大戦末から終戦直後にかけてアメリカ軍がドイツの優れた科学技術者を、アメリカに連行した作戦のことで、元ナチ党員も含め数千人のドイツ人科学者が渡米し多くは永住権を取得した。その中には、ロケット工学者ヴェルナー・フォン・ブラウンも含まれていた。フォン・ブラウンは、有人月面着陸を目指したアポロ計画に貢献し"アメリカ宇宙開発の父"と呼ばれた。

　日本の航空技術者たちの戦後はどのようなものであったのだろうか。1927年に、東京帝国大学航空工学科を首席で卒業し、三菱で名機ゼロ戦の設計主務者であった堀越二郎は、戦中の過労から数カ月ほど療養し、その後、三菱グループの吉見機器製作所の技術部長として、リヤカー、草刈機、脱穀機、冷凍庫などの製作に

取り組んでいる。1956年からは、通産省（現在の経済産業省）が主導した国産旅客機（YS11）の製作に関わっている。川崎航空機の土井武夫は、東大の堀越の同期で、堀越と共に日本航空史を代表する三人の戦闘機設計者の一人であった。土井は戦後、リヤカーや荷車を造る町工場で働いていた。そして、その会社の責任者になり、大型トレーラーや電気自動車などを製作している。その後、堀越同様YS11の製作に関わった。三人目は小山悌（やすし）であった。小山は、1922年に東北帝国大学工学部機械科入学、理学部助手などを務め1926年に、「日本の飛行機王」と言われた中島知久平が立ち上げた中島飛行機に入社している。中島飛行機では、戦闘機「隼」、「疾風」などの設計主務者であった。小山は、他の航空技術者とは違って、戦後は、航空機産業に復職せず、また自動車や鉄道産業への転職も拒否し、引退するまで岩手富士産業で林業機器の技術者として過ごした。

9．我が国航空史上最大の危機―日本の空は日本人の手で

　戦後の航空禁止令は、我が国の航空輸送、航空機製造、航空研究など航空関連の全ての分野に壊滅的な打撃を与え二度と立ち上がれない状況に陥れた。しかし、このような苦難の時代であっても、「日本の空は日本人の手で！」との信念を持って日本の空の復活を願って準備を進める人たちがいた。米軍占領下でのGHQの空の管理は徹底していたが、米軍機の安全運航を確保する役目を担う航空保安分野だけは唯一日本人の関与が許され、戦後まもなく設立された航空保安部の初代部長に松尾静磨（1903-1972）が就任した。松尾は昭和5年に航空局に入り、韓国で飛行場長を経験した後、大阪飛行場長に抜擢され終戦時は航空局次長であった。その後、航空保安部長、航空保安庁長官、航空庁長官と、我が国の唯一残された航空に関わる政府機関の長として占領下の航空行政にたずさわった。

　松尾は当時から民間航空復活を考えていたが、敗戦まで航空に関わっていた松尾の先輩や同僚の多くは外地に行っており生死さえわからない状態であった。しかし、しばらくして航空に関わっていた人たちも外地から帰還しはじめた。この人たちが帰ってきた時、我が国の航空は壊滅状態であったものの、再生を目指し松尾を先頭に一部の関係者が奮闘しているのを知って、彼らは、松尾とともに日本の空の復活にむけて果敢に立ち向かっていったのである。

　しかし松尾たちが何とか航空復活への情熱を燃やし続けていた時期、その夢を完全に断つことになるGHQ指令が日本政府に届いた。1950年6月26日、朝鮮動

乱勃発の翌日、GHQ は日本政府に「日本国内航空運送事業運営に関する覚書」指令2106号を通達、それは、日本の国内航空を外国社が行うことを指令したものであった。この指令通りに外国社が独占運航すれば、それが既成事実となり我が国の航空輸送は永久に立ち上げることができなくなってしまう。

戦前の日本は、最盛期には年間2万5千機もの軍用機を製造していた。従業員数も100万人を超え、最先端技術を誇る一大航空機製造産業を築き上げていた。しかし、戦後の航空禁止時代に航空機製造産業は完全に弱体化し、それ以降軍用機は技術レベルの落ちる一部の練習機や対潜哨戒機のみ、また民間機は唯一YS11のみが国産開発で、それ以外は米国航空産業の下請けを余儀なくされ、戦前の航空大国の面影は完全に消し飛んでしまった。航空輸送も航空機製造と同様のことが起こる危機が迫っていたのである。

日本は敗戦国であったが、国内航空輸送を外国航空会社に委ねることは、国家の権利を完全に無視されることであり到底受け入れることのできないことであった。1944年に、国際航空の秩序と発展のための制度作りを目指し、シカゴで当時の連合国を中心に54カ国が参加して開かれた国際民間航空会議（シカゴ会議）で採択されたシカゴ条約の規定する諸原則のうち最も重要なものは領空主権の原則である。シカゴ条約第7条は、他国の航空機に対して自国領域内における地点相互間の旅客、貨物、郵便物の運送を禁止することは、その国の固有の権利であると定めている。つまり、外国社が我が国の国内線を運航することはシカゴ条約の規定違反であった。

松尾は、この指令は到底容認できない旨をGHQに対し強硬に主張し、世論に訴えるなど局面打開を図った。1950年12月、航空保安庁は運輸省外局の航空庁となり、松尾が初代航空庁長官に就任した。就任前の10月、GHQ指令2106号に基づき外国航空会社7社共同出資の航空会社 JDAC（Japan Domestic Airline Company）による国内運航がGHQから許可された。この出来事は、我が国が未来永劫航空事業を放棄せざるをえない瀬戸際まで追い詰められた我が国航空史上最大の危機で、圧倒的な力の差があったGHQと我が国の交渉はまさに困難を極めた。松尾を中心に日本側は、日本の空復活の夢を捨てずに粘り強く立ち向かい、その結果GHQの姿勢も変化の兆しが見え始めたのである。GHQ は、この問題解決のため、米国本土から航空政策の専門家である民間航空局のテイラー中佐を呼び寄せることになった。舞台は松尾航空庁長官とテイラー中佐との間での日米間協

議に移された。この日米代表による直接交渉自体大変厳しいものであったが、日本側の強い主張が通り日本の独立後は、我が国もシカゴ条約で定められた権利を有することで合意に達した。そして外国航空会社7社による運航も実現には至らず、危機に瀕していた我が国の航空権益はギリギリのところで守られたのである。松尾たちの必死の抵抗、また忍耐強い交渉が実ってGHQ指令2106号通達後7カ月が経過した1951年1月30日に、日本の企業による航空事業を許可する2106号を修正した指令（GHQ指令2106-1号）が届いた。

10. 時代が送り出した「日本航空」

（1）外国社の東京乗入れと日本航空設立

　戦争の終結とともに軍用輸送機が民間に払い下げられ戦勝国側の輸送力は飛躍的に伸張した。この航空輸送拡大の波は我が国にもおし寄せ、1947年7月の米国ノースウエストの東京乗入れを皮切りに、同じく米国のパンアメリカン、トランス・ワールド他、英国、カナダ、オーストラリア、フィリピン、台湾、タイ、スカンジナビア、オランダなどの航空会社が東京路線を開設した。日本の空は外国の航空会社に席巻されたが、我が国にも将来の航空再開を夢みて、密かに布石を怠らない強い信念と希望をもった人たちが存在した。彼らが、このような時代に、日本の空に送り出したのが日本航空であった。

　1940年代後半にはGHQの占領政策が変化し始めた。それは米ソ対立の激化、後に世界を二分した東西冷戦が開始されたからである。1950年の朝鮮動乱勃発以降、我が国に対する統制は急速に緩和された。アメリカが対共産圏対策の一環として、日本は西側陣営の境界に位置するアメリカ側の国としての重要な役割を担うことになり日本の工業化の推進、航空事業に関しても限定的ではあるが民間に限って許可する方向に動き始めた。

　1951年1月、GHQは、航空機の製造、所有、運航を除いて、日本の資本による航空事業を許可することを決定し、日本政府に通達した。これを受けて、5社が免許獲得に名乗りをあげた。しかし、弱体化した我が国の航空事業は、国家の総力を結集し立ち向かわないと強力な外国航空会社に太刀打ちできるはずはなく、航空庁が中心となって行政指導により5社の合同を進め最終的には藤山愛一郎を代表者とする日本航空株式会社を立ち上げた。1951年7月31日に創立総会が開催

され、翌8月1日に会社設立登記が完了した。同社の取締役会長は、当時の日本商工会議所会頭の藤山愛一郎、社長は元日銀副総裁の柳田誠二郎、また、専務取締役には関係者の強い要望で航空庁長官の松尾静磨が就任した。（当時、公務員が民間に天下ることは厳しく禁じられており、松尾の就任は極めて例外的なことであった。）設立時の資本金は1億円、本社・東京営業所を東京都中央区銀座西8-1-8におき、羽田飛行場内に東京支社を設けた。従業員は設立時43人、営業開始時に162人であった。

　日本航空は設立されたが、その時点では自社運航は許可されておらず、外国航空会社とチャーター契約を結び、その社の航空機と乗員を賃借して事業を行うことになった。日本航空は複数社を比較した結果、1951年10月11日に、米国ノースウエストとチャーター契約を締結した。ノースウエストが提供する機材は、双発輸送機マーチン202Aと4発輸送機DC-4であった。営業開始は1951年10月25日で、1番機「もく星」（マーチン202A）は午前7時43分に羽田を離陸し、9時18分に大阪・伊丹飛行場に到着、さらに福岡に向かい、11時23分に福岡・板付飛行場に到着した。

（2）日本航空株式会社法——ナショナル・フラッグ・キャリアの成立

　政府は、我が国のもつ資金、施設、技術等を全て投入し政府、民間ともに協力するオールジャパン体制で、新たに特殊法人としてより強力な航空会社の設立を決定した。これは、弱りきった我が国の航空事業の体制建て直しを目指したもので、そのために成立した法律が日本航空株式会社法であった。

　1953年2月24日の閣議で、政府は「新日本航空株式会社法案要領」を決定した。同法案要領には、国際線およびその基盤となる国内幹線を経営することを目的として新しい日本航空株式会社を設立すること、政府がその会社に出資すること、会社の取締役および監査役は、運輸大臣の承認を受けないかぎり他の職務に従事できないこと、会社を代表する取締役および監査役の選任、定款の変更ならびに利益金の処分等について運輸大臣の許可が必要であること、年度の区切りで財産目録および貸借対照表など財務諸表を運輸大臣に提出しなければいけないこと、社債発行限度額の拡張および公益路線の維持のため必要な補助金の交付について規定を設けることなど、を内容とするものであった。

　「新日本航空株式会社法案要領」に基づいて作成された「日本航空株式会社法

案」が国会に提出され、1953年7月24日に可決された。これによって日本航空株式会社法は成立し、同年8月1日に公布施行されることになり、それとともに日本航空株式会社法施行令および日本航空株式会社法施行規則も施行され、ここに日本航空株式会社設立のための法律上の基礎が築かれた。

　日本航空株式会社法に基づく新生日本航空設立のため、運輸省内に日本航空株式会社設立委員会が設置された。同委員会の役割は定款の作成、設立趣意書、事業目論見書、収支予算書、株式の募集計画、創立総会に付議すべき事項などの決定であった。1953年9月26日には、東京商工会議所で新しく生まれ変わる日本航空株式会社創立総会が開催された。日本航空株式会社法にもとづく新会社日本航空は、旧会社（1951年に設立された日本航空）の権利義務の一切を継承して日本で唯一の国際線定期航空運送事業の免許会社として、1953年10月1日に正式に発足することになった。旧日本航空の資本は10億円と評価され、あらたに政府から出資される10億円を加えて、新しい日本航空の資本金は20億円となった。経営体制に関しては、会長に原邦造三井物産相談役が、社長、専務には旧日本航空の経営を牽引した柳田誠二郎社長、松尾静磨専務がそのまま就任した。

■事例研究　世論が獲得した国家目標—世界一周路線

　1967年3月6日、日本航空の世界一周路線が開設され、その西周りの一番機が羽田を出発した。当時、東京経由の世界一周路線を開設していたのはアメリカのパンアメリカン、イギリスのBOAC（英国海外航空）の2社であったが、日本航空の世界一周路線開設は、戦後の荒廃から立ち上がり、はるか先を行く欧米の巨大航空会社を必死で追いかけた末の結果であった。

　世界一周路線開設は、運輸省幹部が既に表明していたが、1961年に松尾が日本航空の2代目社長に就任したことを機に一層大きな声になった。占領下でも、「日本の空は日本人の手で！」と叫んでいた松尾は、日頃から「世界一周路線の実現は、国民の悲願であり、日本航空が世界の一流航空会社と肩を並べる絶好の機会である」と語っていた。世界一周路線は大きな目標であったが、実現までの道程はまさに茨の道であった。最大の難関は不平等な日米航空協定であった。日米航空協定は戦勝国と敗戦国の間で締結された協定で、アメリカ側の様々な既得権益の基礎の上に成り立っていた。そして、日米航空協定において日本側はニューヨーク乗入れの権利、さらに、大西洋線を運航する権利をもっていなかったのである。

　この世界一周路線の権利獲得のため、当時の駐米大使の助言に従い、松尾は世論

の支持を求めた。外交ルートの交渉だけでは交渉力に限界があるため、マスコミ、評論家、知識人、また政財界の有力者に支援を呼びかけ世論を喚起したのである。何十倍も大きな政治力、経済力を持っている英米の巨人に肩を並べる世界一周路線開設計画は、当時の社会では遠い夢のような話しであった。しかし、その夢のような計画は、官僚、政治家、マスコミ、財界など様々な力が実現に向けて動き出し、その結果、世論は、かつてないほど盛り上がり日本側の結束は一気に高まった。衆院本会議では、「アメリカ側が受入れないなら、日米航空協定破棄も辞せず」との強気の姿勢で、自民、社会、民社の三党共同提案による「日米航空協定の不平等をできるだけ早く是正することを強く要望する」という異例の決議を全会一致で行った。航空交渉における両国の要求の最終調整は困難を極めたが、日本側の世論の後押しも大きな力になって、1965年12月28日に合意成立、日本側は世界一周路線の権利、米国側は大阪以遠乗入れなどの権利を獲得し長期間の日米航空交渉は終了した。この世界一周路線実現は、まさに世論が獲得した金星であったが、政治、企業、世論の連携の重要性を物語っている。企業活動は企業だけが行っているのではなく、社会に支援されてはじめて企業本来の力を発揮できるのである。

11. 全日空の躍進、そして世界へ

（1）全日空誕生

　全日空の前身は1952年に設立された日本ヘリコプター輸送と極東航空で、1957年に日本ヘリコプター輸送は全日本空輸株式会社に商号変更し、翌年には極東航空と統合した。初代社長は元朝日新聞社役員の美土路昌一であった。美土路は、全日空会長、相談役の後に朝日新聞社社長に就任した。美土路の退任後も全日空と朝日新聞社は良好な関係を保ち、朝日新聞社はその後も全日空の主要株主である。

　全日空の経営を語るうえで欠かせないのは創業期より開始した総代理店制度である。1954年に、前身の日本ヘリコプター輸送は名古屋鉄道との間に業務提携契約を結んだ。今日の総代理店契約と言われるもので、これは各就航地の運輸系大手企業と提携し市内業務と空港業務を委託するという制度であった。各地の総代理店の社員が全日空のユニフォームを着用し、表向きは全日空社員として業務を行う制度で、地元有力企業の社員は心情的にも全日空を支える構造であった。こ

の総代理店制度は全国に拡大し、委託業務は市内では航空券販売、電話予約、代理店販売、団体営業、また空港では旅客、貨物の取り扱いから航空機に関わる各種業務や機内清掃まで幅広い業務があり営業拡大のみならず経営効率向上に大きく寄与した。全国各就航地において全日空が直接組織を立ち上げるよりも遥かに効率的であると同時に、締結先は地域の有力企業であることから営業面でのメリットも大きかった。この制度は現在も継続されており、地域における全日空の顔として、全日空支持者獲得に貢献するなど貴重な財産となっている。

　総代理店制度は、航空機事故の際も重要な役割を果たした。1966年11月に、全日空の大阪発松山行YS11型機が事故を起こした時は、松山地区総代理店の伊予鉄道のみならず高松地区総代理店の高松商運も多数の自社社員を無償で派遣し全日空社員とともに事故処理にあたった。

(2) 二つの経営危機

　成長過程にあった全日空は1960年代から70年代にかけて二つの経営危機に直面したが、周囲の大きな支援を受け危機を乗り切った。第一の危機は1966年に起きた連続事故であった。事故で経営が悪化し実質的には経営破綻したが、後発だった全日空の整備や運航面を従来から支援していた日本航空から再建のための多額の資金と人が投入された。日本航空から派遣された大庭哲夫副社長（1969年に全日空社長就任）の下で、整備や運航安全面の見直しと拡充を進められた。日本航空主導による安全面拡充の一環として、1968年には日本航空と同じカリフォルニア州サンディエゴ・ブラウンフィールド空港での乗員訓練も開始した。このようにして全日空の経営状況は改善した。全日空は、日本航空から大きな支援を受けたものの、日本航空から派遣された経営幹部と全日空生え抜きとの間で心情的な対立が進み凄まじい攻防戦が展開されることになった。

　1972年には元運輸省事務次官の若狭得治が社長に就任し、強いリーダーシップで社内を牽引することになり、社内抗争は治まった。しかし、これから大きく飛躍しようとしていた時に全日空が直面したのが第二の危機"ロッキード事件"、"全日空疑獄"と言われた戦後最大の疑獄事件であった。"ロッキード事件"は、全日空のロッキード社のトライスター機発注に関わるものであった。1972年時点では全日空はマクドネル・ダグラスDC−10を正式発注することを決定していたが、突然正式発注を取り止め、トライスター発注を決定し1974年に初号機が納入

された。そしてトライスター納入の2年後に、米国上院で行われた多国籍企業小委員会公聴会で、ロッキードが全日空にトライスター売込みのため、企業や政府関係者も含め巨額の賄賂を使って工作したことが表面化した。そして全日空はそのロッキードから受け取った工作資金を使って、自社を有利に導くための政界工作を行っていたことが明るみにでた。全日空はこの疑獄事件で社長、副社長他大勢の幹部が逮捕され有罪判決を受けた。"ロッキード事件"では、当時の総理大臣他多数の逮捕者が出たが、贈賄側であったロッキード社幹部は逮捕どころか起訴さえもされないという不思議な結果になった。

(3) 国際線への果敢な挑戦

全日空の新たな成長のきっかけとなったのは国際線進出であった。我が国の航空輸送は、当時の運輸省の指導によりフラッグキャリアの日本航空は国際線と国内幹線、全日空は国内幹線、ローカル線、国際線チャーター、東亜国内航空は国内ローカル線の運航を担う"航空憲法"と呼ばれたルールが存在した。しかし、この航空憲法の改正により、全日空は1986年より国際線定期便の運航を開始した。最初の国際線はグアム路線、さらにロサンゼルス、ワシントンD.C.、北京、大連、香港、シドニー、ソウル、ロンドンと急速に国際線を拡大した。全日空の国際線進出決定以前には、国際線一社論（国際航空市場の競争は厳しいので、国内企業が過度な競争状態に陥ると国際競争市場で勝ち抜く体力が失われてしまうとの考え方）と国際線複数社論（複数社が国際線を運航した方が我が国航空産業全体のシェアは拡大するとの考え方）が激しく対立していた。この攻防は、日本側が企業数を増やせば互恵平等で米国側の乗り入れ航空会社の数も増やせるとの米国の戦略が功を奏し米国の思惑通り複数社論に軍配があがった。

全日空をさらに飛躍させたのは1999年のスターアライアンス（世界の3大航空連合の一つ）への加盟であった。全日空は海外では知名度が低く、かつ従業員の多くは国際線の経験に乏しかったが、航空連合に加入することで企業としての弱点を補い、国際的な一流企業として飛躍する機会になった。

近年、表2-1が示す通り、日本航空、全日空ともに利益率が高く好業績である。全日空は、国内線を運航する航空会社としてビジネスを開始したが、国際線旅客収入が、国内線と肩を並べるレベルまで成長している。国内における新幹線の伸長を考えれば、将来は国際線旅客収入が国内線旅客収入を大きく上回る状況

表2-1 　JAL、ANAの業績（2019年3月期、単位：億円）

	JAL	ANA
売上高	14,872（7.5%）	20,583（4.4%）
純利益	1,508（11.4%）	1,108（▲23.0%）
自己資本比率	57.4%	40.9%
国際旅客収入	5,306（14.6%）	6,516（9.1%）
国際旅客座席利用率	81.3%（0.3%）	77.0%（0.6%）
国内旅客収入	5,280（1.9%）	6,966（1.0%）
国内旅客座席利用率	72.5%（0.7%）	69.6%（0.7%）

出所：各企業決算短信等
注：%表示は対前期増減率

が想定される。

主な参考・引用文献

石田勇治（2005）『20世紀ドイツ史』白水社。

川野光斉（2001）『松尾静磨』、航空と文化、日本航空協会。

関根伸一郎（1993）『飛行船の時代―ツェッペリンのドイツ』丸善株式会社。

日本航空調査室（1974）『日本航空20年史』トッパンアイデアセンター　年史センター。

真鍋俊二（1989）『アメリカのドイツ占領政策』法律文化社。

ANA50年史編集委員会（2004）『大空への挑戦―ANA50年の軌跡―』全日本空輸株式会社。

Conte, A.（1964）*Yalta, ou le partage du monde*, Robert Laffont, S. A. 邦訳：山口俊章、『ヤルタ会談＝世界の分割』サイマル出版会、1986年。

Davies, R .E. G.（1972）*Airlines of the United States since 1914*, Smithsonian Institute Press, Washington D.C.

Matthew Lynn（1995）*BIRDS OF PREY*, 邦訳：平岡護、ユール洋子（1990）『ボーイングvsエアバス―旅客機メーカーの栄光と挫折―』三修社、2000年。

Schaller M.（1989）*Douglas MacArthur: The Far Eastern General*, 邦訳：豊島哲訳『マッカーサーの時代』恒文社、1996年。

第3章 | **航空会社のビジネスとは**

1．航空事業の特性

（1）派生需要

　航空機利用は、通常それ自体が目的ではなく到着地でビジネスや観光などを行うための移動手段である。よって、航空需要は、本来の目的（最終需要）の需要動向に影響を受け派生的に生じる需要、つまり"派生需要"である。これは、鉄道やバスなど交通機関に共通の特性である。"派生需要"であるため、その路線の需要を高めるには、観光面で目的地の魅力を高めるなどの工夫が必要になる。航空会社と地元自治体が共催で地域振興のためのキャンペーン、各種イベントを開催することが多いのは、地域の魅力を高め需要喚起を行うためである。

（2）即時財─在庫の利かない最も腐りやすい商品

　航空会社が提供する輸送サービスは、「在庫の利かない最も腐りやすい商品」、つまり"即時財"である。即時財とは、サービスが開始された瞬間から消費が始まり、サービスの終了と同時に消費も終了する財である。航空会社が提供する商品は、航空機による移動を行うための座席で、売れ残った座席は、航空機が出発した時点で、どのような高額の座席であっても商品としての価値は消滅する。便に空席があったからと言って、その座席を翌日売るわけにはいかない。よって、即時財を効率的に販売し、売上を極大化する価格設定、販売手法などマーケティング戦略が非常に重要である（第5章「レベニュー・マネジメント」参照）。

（3）高速性

ジェット旅客機は、新幹線の3～4倍のスピードで運航することが可能で、中長距離輸送において重要な役割を果たすことができる。

（4）季節性・シーズナリティ（Seasonality）

航空需要は、年末年始、夏期休暇、ゴールデンウイークなど航空需要の高い繁忙期（オンシーズン）と需要が低下する閑散期（オフシーズン）が存在する。曜日によっても航空機の混み具合は変化する。また、リゾート地などが典型的な事例であるが、季節によって需要が大きく変化する路線もある。

（5）社会情勢による需要変動

戦争、テロ事件、自然災害、パンデミック（広域での感染症流行）など外的要因が航空需要に大きな影響を与える。よって、日ごろからこれらイベントリスクへの備えが不可欠である。

（6）消費者の特性で"需要の価格弾力性"が異なる

需要の価格弾力性（Price Elasticity of Demand）とは、航空運賃の変化に対して需要量がどの程度変化するかを示すものである。消費者を旅行目的で分類すると、観光客とビジネス旅客に分けられる。観光客は自前で旅費を負担するため、航空運賃の変化に敏感で運賃の値上げがあれば旅行を取りやめ値下げがあれば突然旅行に出かけるなどの行動をとりやすい。一方、ビジネス旅客の航空運賃は企業負担であり、また、ビジネス上の理由で旅程を容易に変更できないことも多いため、需要量は大きく変化しない。よって、観光客の価格弾力性は大きく、ビジネス旅客の価格弾力性は小さい。

（7）装置産業

航空事業は、高額な航空機の購入に加え、整備工場、格納庫、乗員訓練用のフライトシミュレーター、運営のためのITシステムなどへの巨額投資が必要な固定費の高い装置産業である。航空機は大型旅客機になれば300～400億円もする超高額商品であるため、航空機購入は経営上の大きな負担になる。尚、近年航空機

リースが拡大し初期投資が軽減される傾向にある。

（8）顧客の識別が可能

　通常の商品の購入においては、その購入者の氏名など顧客の個人情報を知ることができない。一方、航空会社は、予約・発券の段階で購入者の氏名などの顧客情報を、特に国際線ではパスポートの確認も必須で、正確な個人情報を入手し顧客の識別が可能である。よって、これらの顧客情報に基づいたマーケティング戦略を展開することができる。近年、航空会社に限らず多くのビジネスにおいて、ポイントプログラムなどによって顧客情報を入手している。我が国のような成熟社会においては、企業の業績を右肩上がりに伸ばし続けるのは容易ではない。ポイントプログラムなどを通して、顧客との関係性を個別に作り上げる必要性が生じているのである。

■事例研究　ポイントプログラム
　顧客の識別、顧客の管理は、企業のマーケティング戦略において大変重要であるため、航空会社以外のビジネスにおいても様々な手法を用いて実施されている。代表的な手法は、ポイントプログラム（またはポイントサービス）で、ポイントを記録する専用カード（会員証）を事前に発行し各種製品やサービスの購入記録をカードに記録する。そして購入金額や来店回数に応じて一定の条件で計算されたポイントを顧客に還元するシステムである。顧客は、そのポイントを次回以降の購入代金の一部に充当することができる。企業は、ポイントプログラムに参加する顧客の属性や個人情報を得られるので、このプログラムによって得られた情報をマーケティング戦略に利用することができる。

（9）サービスの同質性と運賃の重要性

　主要な航空機メーカーは米国のボーイングと欧州のエアバスであるが、飛行性能や快適性を追求した航空機はメーカーによって大きな差異があるわけではない。よって、航空会社は使用機材に関しては、ほぼ同質のサービスを提供することになる。よって、競合他社との差別化は、運賃、マイレージプログラム、また、接客サービスの質によって行われることになるが、運賃に関わる戦略は特に重要である。

(10) 空港施設など社会のインフラに依存

航空会社は旅客機を購入したとしても、その旅客機が離着陸する空港施設の利用権や空港の発着枠を確保できないと航空輸送を行うことができない。また、空港の利用時間に制限があれば、その制限に従う必要がある。例えば、羽田空港は我が国の首都圏一極集中を反映し、恒常的な混雑空港で発着枠の確保は容易ではなく、航空会社が自由に増便、新規参入ができない状況にある。

2．航空事業の経済性

航空事業は、通常以下の4つの経済性からビジネスを考えることができる。経済性とは、投入する費用と比較して得られる収益が大きくなることである[1]。

(1) 規模の経済性

規模が大きいことにより得られるメリットである。規模の経済性が働く場合は、生産段階で規模を大きくすれば、生産規模の大きさに影響を受けない固定費において、一単位当たりの生産コストが低減する。航空事業では、航空機のサイズ（規模）が大きくなるほど単位当たりの運航費用が低下する。例えば、100席の航空機と200席の航空機の整備費を比較すると、販売可能な座席数は2倍になるが、整備にかかる費用は2倍になるわけではない。また、販売可能な座席数が2倍になったからと言って、パイロットを2倍に増やす必要はない。このように運航に関わる様々な費用は機材のサイズが大型化するほど、コストの増加率は低減する。尚、航空機のサイズを大きくしなくても座席の数を増やせば規模の経済性は同様に働くことになる。しかし、一人当たりのスペースが狭くなり快適性を棄損するマイナス面も考慮にいれる必要がある。

規模の経済性に類似した概念で、"距離の経済性"（"区間距離の経済性"とも言われる）も存在する。これは路線距離が長くなるほど距離当たりの費用が低下することである。

1）経済性については、経済学者によって見解が異なる場合もある。また、時代による企業活動の変化によって、経済性が顕著に見られる場合もあればそうでない場合もある。

第3章　航空会社のビジネスとは

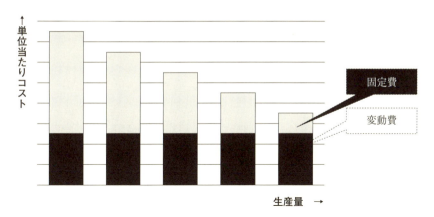

図3-1　規模の経済性

> **Key word**　固定費と変動費
>
> コストは、商品の生産量に関係ない固定費と生産量に比例する変動費に分けられる。図3-1の通り、商品の生産量が増加した場合、単位商品当たりの変動費は変化しないが、単位商品当たりの固定費を下げることができる。固定費に該当する費用は、人件費、オフィス家賃、水道光熱費、広告宣言費、減価償却費などで、航空会社も含め企業では事業の規模にかかわらず一定額発生する。一方、変動費は、売上の増減によって変動する費用で、原材料費、販売手数料、消耗品費などが該当する。航空会社では、燃料費や機内食費は変動費で、運航の規模や乗客数に応じて変化する。

（2）範囲の経済性

　企業内の経営資源（設備、人員、ノウハウ、情報など）を他の事業へゼロコスト、あるいは低コストで転用することによってもたらされる経済性である。例えば、書籍のネット販売を行っていた企業が、その販売・配送システムを利用し、書籍以外の衣料品、家電、文房具などの販売を行う場合は、一からそのビジネスを立ち上げるよりは低コストで実施することが可能である。航空事業では、旅客事業に加え、貨物事業、機内食事業などを行うことが該当する。範囲の経済性は、転用コストを低く抑えられる限りビジネスの多角化につながるため、"多角化の

経済性"と呼ばれることもある。

(3) 密度の経済性

生産のための投入物の量を増加させた場合、その投入量の増加率よりコストの増加率が下回っている場合は、密度の経済性が高いことになる。航空事業であれば、一定のネットワークや運航距離のもとで、便数を増やすことで平均コストが低下する。LCCの典型的なビジネスモデルの一つである多頻度運航は、密度の経済性をもたらしている。

(4) 連結の経済性

連結の経済性は、一企業内のことではなく企業間における経済性である。各企業の経営資源を共同利用することで経済性を高めることができる。航空事業における企業間の提携、アライアンスは連結の経済性をもたらす。

> ■事例研究　シェアリングエコノミー
> 運輸サービスのウーバーや宿泊サービスのエアビーアンドビーなどの成長で、社会にある製品やサービスの共同利用を行うシェアリングエコノミーが拡大している。地球の資源は有限で、シェアリングエコノミーの成長は理にかなったものである。連結の経済性は、企業同士が協力することでメリットをもたらすことであるが、資源の有効利用との観点からは、シェアリングエコノミーと同じ概念である。

3．経営計画について

(1) 経営計画策定時の重要なポイント

航空会社に限ったことではないが、どのような企業でも短期、さらに中長期の経営計画を策定し、それを着実に実行することが求められる。経営計画策定における重要な要因は以下の通りである。

❶経済動向
景気、為替水準、資源価格など。

❷世界のヒトやモノの動き

ヒトやモノの動きはたえず変化している。このような変化をグローバルな視点から把握しておく必要がある。例えば、我が国は人口減少社会に突入しているが、世界の人口は増え続けている。このことを考えれば、我が国の航空会社は、日本人旅客対象のビジネスモデルから、外国人旅客も取り込むことができるビジネスモデルに変化していく必要がある。

❸テクノロジーの変化

新型航空機の開発、人工知能、IoTの進化など技術革新に注目しておく必要がある。

❹市場の変化

企業はマーケティング調査を通して、消費者の志向やニーズの変化を敏感に感じとる必要がある。

❺社会環境の変化

地球環境問題への意識の高まり、安全性が高く優れた商品を提供する社会的責任を充分に理解しておく必要がある。

> **Key word** SDGs（Sustainable Development Goals：持続可能な開発目標）
> 　SDGs（エスディージーズ）は、すべての国連加盟国が2030年までの達成を目指す、環境、貧困、教育など17分野にわたる目標である。航空会社は、最も関わりが深い地球環境問題などを中心に取り組んでいる。

（2）経営計画の個別テーマ

❶路線便数計画

厳しい競争下にある市場で、旅客から選ばれる航空会社であるためには、旅客ニーズに合致したネットワーク（路線・便数）を作り上げる必要がある。近年アライアンスも含めた他社提携が進展しており、自社ネットワークで旅客のニーズに応えることができない場合は、提携によりネットワークを充実する必要がある。尚、実際のダイヤ（運航スケジュール）作成において考慮される要素は以下の通りである。

・競合他社のダイヤ

- 競合する他の交通機関（新幹線など）のダイヤ
- 出発地、到着地の市内中心部との交通アクセスの利便性
- 乗り継ぎ空港での乗り継ぎの利便性
    特に国際線では、乗り継ぎをするケースが多く乗り継ぎに便利な便が多数運航されている時間帯に自社便のダイヤが設定されていることが重要である。
- 混雑空港での発着枠の有無
    混雑空港では、航空会社が希望する時間帯の発着枠が確保できないこともある。
- 季節ごとの偏西風の影響（長距離国際線では、偏西風の強弱で運航時間が変わる）

❷人員計画

　路線便数計画を実行するには、規模に応じた人員が必要である。自社の人員が想定される運航規模に対応できない場合は、新たな採用計画と人員の育成計画を確定しておく必要がある。便の運航に直接関係のある運航乗務員、客室乗務員、整備士、空港ハンドリングの人員などの確保は特に重要で、人員計画は月単位で作成されることが多い。

❸機材計画

　路線便数計画に応じて適正な機材計画を行う必要がある。運航規模を拡大する場合は、新たに航空機を調達する必要がある。また、老朽化した航空機更新の場合も新たな航空機の調達が必要である。航空機調達においては、価格、サイズ、航続距離、燃費効率、客室内の快適性などを総合的に勘案し決定する。航空会社が新機材を導入する際は、乗務員の訓練計画、整備体制、部品の在庫に大きな影響を与える。

■事例研究　JALのエアバス機材購入

　JALは2019年からエアバスの大型航空機A350型機56機を導入する。9月1日から羽田―福岡線で就航し順次路線を広げる。56機の内訳は確定発注31機、優先的に発注が可能なオプション（仮発注）が25機である。JAL、ANAの我が国大手二社は、日米関係に配慮し長年米国ボーイングの航空機を主に購入してきた。よって、日本

第3章　航空会社のビジネスとは

企業による本格的なエアバス機材の購入は初めてのことで、航空の専門家の間では、新たな貿易摩擦への発展、あるいはJALに対する報復的な動きがあるのではないかと懸念する声もある。JALによるエアバス機材の本格的導入決定の主な要因は、以下のようなものだと考えられる。

a．高性能、安全性の高さ
　A350型機は、1000機近く世界の航空会社から注文を受け、既に多くの機材が運航を開始しており、高性能、安全性の高さなどが実際に証明されている。

b．分散発注は通常のこと
　日本の航空会社のボーイング機一辺倒であったこと自体が世界的に見て特異なことで、世界の大手航空会社にとって、複数の航空機メーカーから機材を購入すること、つまり"分散発注"は通常のことである。航空機製造は米国ボーイングと欧州エアバスの複占であるが、ボーイングの本拠地である米国の航空会社であっても、分散発注の観点からエアバス機を購入している。分散発注は、第一に、両社から機材を購入することで、航空会社としてバーゲニングパワー（購入価格や条件などにおける交渉力）を発揮することができる。逆に言えば、我が国の大手航空会社は、これまで十分なバーゲニングパワーを発揮することなく航空機を購入していたとも推測できる。第二に、仮に一社の航空機に安全上の問題があった場合、別のメーカーの航空機を保有していることで、全ての保有航空機へ問題が及ぶことを避けることができる。

c．価格面のメリット
　新たなタイプの航空機購入は、運航や整備の観点からはコスト増になる。何故なら、これまで使用してきたメーカーの機種モデルの取り扱いに運航や整備の関係者が慣れているからである。よって、メーカーを変える際の"スイッチング・コスト"を上回る価格面のメリットがあったと想定される。

Key word　スイッチング・コスト
　顧客が現在使用している製品やサービスを別の会社に変更する場合に、負担しなければいけない金銭的、心理的、手間など時間的なコストである。

❹収支（予算）計画と財務計画
　適正な経営を行うには適正な収支計画と財務計画は不可欠である。収支計画とは、売り上げをいくらにするか、経費をいくらにするかなどの計画である。年間の収支計画だけでは、実態と乖離してしまう危険性があるため、収支計画を半期、

四半期、月次などに按分し、計画と実態が乖離した場合は、その理由を検証し計画を修正する必要がある。

4．マイレージプログラム

(1) 発展の経緯

　マイレージプログラムは、航空会社の会員旅客に対して搭乗距離に比例したポイントを提供し、その積算されたポイント（マイル）に応じ、無料航空券、割引航空券、また座席アップグレードなどのサービスを提供するポイントプログラムである。尚、マイレージプログラムは、マイレージサービスやフリークエントフライヤープログラム（FFP: Frequent Flyer Program）と呼ばれることもある。

　世界で初めてのマイレージプログラムは、1979年に米国のテキサス・インターナショナル・エアラインズによって開始された。しかし、本格的な規模に発展する前に、1981年にマイレージプログラムを開始したアメリカン航空に先行されてしまった。マイレージプログラムのマーケティング上の効果を疑う声もあったものの、一方で無料航空券の魅力にひかれて、またたくまに数百万人がメンバーに加入し、マイレージプログラムを実施している航空会社を利用する乗客が増加した。このような経緯を経て、世界の多くの航空会社がマイレージプログラムを導入するようになった。

■事例研究　アメリカン航空のAAdvantage（アドバンテージ）とマイレージプログラムへの不安

　AAdvantageはアメリカン航空が1981年に開発したマイレージプログラムである。1981年は、筆者が米国駐在（ワシントンD.C.）を開始した年で、マイレージプログラム登場はアメリカ社会の最もホットな話題の一つであった。当時の空気感を良く覚えているが、1980年代初めは規制の時代から緩和の時代への移行期で、マイレージプログラムの研究も緒についたばかりであった。「マイレージプログラムが拡大すると、航空会社は大量の無料航空券を提供せざるえなくなり収入を圧迫するのではないか」など不安の声も多い時代であった。

　1990年代に入ると航空会社間の提携が活発化し、これにあわせてマイレージプ

ログラムを共通化する動きが見られるようになった。さらに、航空機利用の枠を超えて、レンタカー利用、ホテル宿泊、買い物、提携クレジットカードの使用でもマイルを獲得できるなど多角的なサービスへと変化した。

我が国においては、JALが1983年に米国で、「JALマイレージバンクUSA」を発足させ、サービスを開始した。尚、常顧客を対象とした組織は、「JALグローバルクラブ」として1970年に既に設立されていた。ANAは、1984年に「ANAカード」を発行し、一般の旅客を対象とした会員組織が発足した。

（2）パレートの法則とデータベース・マーケティング

マイレージプログラムは、パレートの法則に基づいたもので、頻繁に航空機に搭乗する利用者を自社に囲い込もうとする航空会社のマーケティング戦略上の重要な施策である。頻繁に自社の航空機を利用してくれる優良顧客の旅行の傾向など航空会社にとって重要な情報は、マイレージプログラムによって得ることができる。これら顧客データに基づき適正なマーケティング戦略を展開することは、データベース・マーケティングと言われる。

パレートの法則はイタリアの経済学者ヴィルフレド・パレート（1848-1923）が提唱した理論で「80：20の法則」とも呼ばれる。全体の数値の80％は、20％の要素が生み出しているとの理論である。（尚、現実の世界では、80：20ではなく、90：10や70：30の場合もありうる）例えば、デパートの売り場で複数の商品を取り扱っていたとしても、全ての商品が平等に売れているわけではない。パレートの法則に従えば、「売上の80％は、20％の商品が生み出している」ことになる。よって、売上を伸ばすには、売上に大きく貢献している20％の商品に力を入れて営業行為を行う手法が効率的である。図3-2は、パレートの法則を具体的に示したパレート図である。デパートの売り場の事例では、商品はAからGまであるが、良く売れるAとBで全体の売り上げの80％を占めることを示している。

> **Key word** データベース・マーケティング
>
> データベース・マーケティングとは顧客の属性や過去の購買傾向をデータベースに記録して区分し、それぞれの顧客に合ったサービスを提供するマーケティング手法である。この手法がさらに進化すれば、顧客個人に適合したサービスを提供することを目指すOne to Oneマーケティングになる。

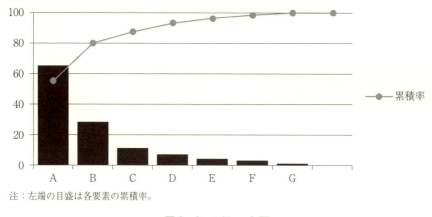

注：左端の目盛は各要素の累積率。

図3-2 パレート図

(3) マイルを貯める方法と使う方法

　マイレージプログラムの会員登録を行うと、会員番号を割り振られたカードが発行される。通常、ポイント加算のことを「マイルを貯める」、ポイント使用のことを「マイルを使う」と言う。搭乗手続きの際にカード提示を行うなどによって、実際の搭乗が確認されると、その空路の飛行距離に応じたマイルが付与される。マイレージプログラムにおいては、このような方法で会員である航空会社や提携他社のフライトを利用しマイルを貯めることが基本ではあるが、クレジットカードや電子マネー使用など航空機を利用しないでマイルを貯める方法が拡大している。また、マイルを使う方法も、航空機利用だけでなく、電子マネーや提携パートナーのポイントへの交換など使用できる領域が拡大している（図3-3）。

(4) ロイヤルティ・マーケティングと上級会員制度

　ロイヤルティ・マーケティング（Loyalty Marketing）とは、良く商品を購入してくれるお得意様を対象にしたマーケティングである。マーケティングにおけるロイヤルティは、顧客ロイヤルティのことで、顧客のその企業の商品、サービス、ブランドに対する愛着、忠誠心を意味している。顧客のロイヤルティの高さは、最新購買日（Recency）、購買頻度（Frequency）、購買金額（Monetary）など企業の業績に対する貢献度の高さによって判定される。このような上顧客はロ

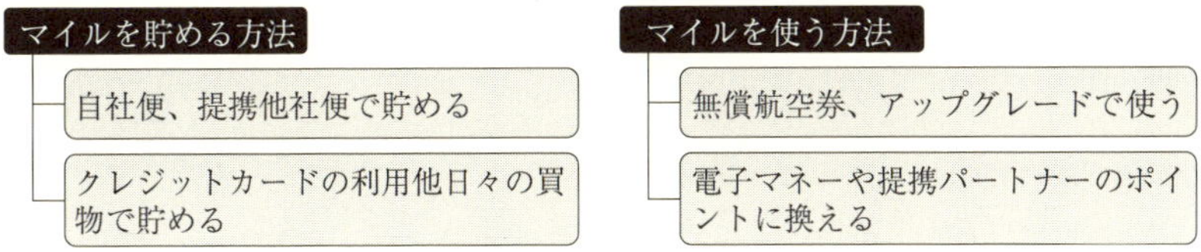

マイルを貯める方法	マイルを使う方法
自社便、提携他社便で貯める	無償航空券、アップグレードで使う
クレジットカードの利用他日々の買物で貯める	電子マネーや提携パートナーのポイントに換える

図3-3　マイルを貯める方法と使う方法

イヤルカスタマー（優良顧客）と呼ばれる。ロイヤルティ・マーケティングの具体的な目標は以下の二つである。

第1の目標：ロイヤルカスタマーを増やす
第2の目標：現在のロイヤルカスタマーとの関係を維持強化する

通常のマーケティングの視点からは、第1の目標に重心がおかれがちであるが、新たな上顧客の開拓がそれほど容易ではないことを考えれば、第2の目標を第1の目標と同様に、あるいはそれ以上に重視することがロイヤルティ・マーケティングの特徴である。特に、我が国では少子高齢化が進行し市場環境は厳しさを増している。このような状況においては、ロイヤルティ・マーケティングによる顧客の囲い込み戦略の重要性が高まっている。

■事例研究　CRM（顧客関係管理）
　顧客満足度と顧客ロイヤルティの向上を目指し、売上の拡大を実現するマーケティング戦略は、CRM（Customer Relations Management）と呼ばれる。「新規顧客の獲得コストは既存顧客の維持コストの5～10倍」とも言われる。ポイントプログラムなどを通して得た個人情報をベースに顧客の特性を的確に把握し、顧客と長期にわたる関係を構築し継続的な取引を行うことは大切である。

航空輸送サービスは差別化が容易ではなく、そのような市場においていかに顧客の満足を維持しつづけることができるかは経営の重要な鍵となる。マイレージプログラムは、ロイヤルティ・マーケティングを実行するための重要なプログラムであり、さらにその効果を高めるために上級会員制度が存在する。上級会員制

度とは、マーケティング施策の中で、ロイヤルティプログラムと呼ばれ、優良顧客に対してインセンティブ（特典）を提供するものである。大手航空会社の多くは上級会員制度を設定しており、一定以上搭乗すると、上級会員として、専用窓口での特別対応、航空券の種類に関係なくラウンジ利用が可能、専用保安検査場の利用、手荷物が到着地で優先的に受け取れるなどの特典がある。上級会員のステータスが上がるにつれて特典は増加し、航空機搭乗時の利便性が高まる。JALの場合は、JMB（JALマイレージバンク）のフライオンポイントが3万ポイントなどの基準に達すると上位クラスの「JMBクリスタル」、ANAの場合はAMC（ANAマイレージクラブ）のプレミアムポイントが同じく3万ポイントなどの基準に達すると「ANAブロンズ」になる。その後、JALは、サファイヤ、ダイヤモンド、ANAは、プラチナ、ダイヤモンドとステータスが上がっていく。

5．予約発券システムの発展とeコマース

(1) CRS誕生

　CRS（Computer Reservation System）は、コンピューターを使った航空輸送の予約システムで、1950年代後半にアメリカで開発がスタートした。航空会社の初期の予約手法は、フライト毎にカード・ファイルを作成する手作業によるものであった。フライトの数が多くなるに従い手作業では対応できなくなり、1960年代に入ってIBMがアメリカン航空のために開発しCRSとして本格的に稼働を開始したのがSabre（セーバー、予約システムの名称）であった。アメリカン航空のSabreの登場で、航空座席の在庫ファイルをオンラインで管理できるようになった。

　我が国ではJALが、1964年に本格的な予約システム「JALCOM」の運用を開始した。そして、その後大量高速輸送時代を迎え、「JALCOMⅡ」、「JALCOMⅢ」とレベルを上げて機能を強化させていった。1970年代後半から、CRSにおいて自社だけの使用ではなく旅行会社においても使用可能となる新たな展開が開始された。これにより、旅行会社は、航空会社に電話をして予約を確保する必要がなくなり、旅行会社に展開されたCRS端末を利用し予約・発券業務を実施することが可能になった。

(2) CRSの中立的なシステムへの転換

　CRSは、システムの進歩とともに自社のフライトだけではなく、他航空会社のフライト、さらにホテル、旅行商品（パッケージツアーなど）も取扱いが可能になっていった。一方で、CRSを開発した航空会社、例えば、Sabreを開発したアメリカン航空にとっては、自社便を積極的に売ることが重要であるから、CRSのフライト表示画面に、自社便を優先的に表示すること（ディスプレイ・バイアス）は通常のことであった。しかし、CRSが旅行会社にまで普及した状況下で、自社便優先のシステムは旅行者の不利益につながると判断した米国運輸省は、1984年に「CRS規制法（CRSルール）」を施行した。これによってCRSは、航空会社の予約・発券システムを中心とした販売促進ツールの役割は薄れ、より中立性の高いネットワークシステムへ移行した。現在は、航空会社のみならず旅行会社、ホテル、レンタカー会社、鉄道会社などの予約・発券業務が可能である。

> **Key word**　ディスプレイ・バイアス（Display Bias）
> 　CRSを開発した大手航空会社は、自社より安い運賃を提供する中小航空会社の情報を画面に表示される順番を後回しにする、時には表示しないことがあったが、これがディスプレイ・バイアスである。

(3) GDSとして発展

　近年CRSは、旅行会社からのシステム利用料と航空会社からの予約手数料を主な収益源として、航空会社から独立したビジネスを行っており、巨大な流通ネットワークに発展したCRSは、GDS（Global Distribution System）とも呼ばれるようになった。1960年代以降、多くのCRS/GDSが登場したが、Sabre（本社アメリカ）、Amadeus（本社スペイン）、Travelport（本社イギリス）が世界の3大GDSである。

(4) インターネットの登場とeコマース

　1990年代後半、インターネットの普及に伴い航空会社は、自社のWEBサイトから直接航空券を販売することが可能になった。インターネットを用いた多様な

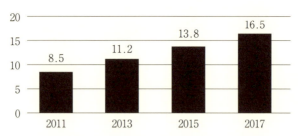

出所：経済産業省「平成29年度我が国におけるデータ駆動型社会に係る基盤整備（電子商取引に関する市場調査）」より筆者作成。

図3-4　eコマース（BtoC）の市場規模推移（単位：兆円）

取引（電子商取引）が、市場で行われるようになったが、これらの取引はeコマース（EC）と呼ばれる。従来eコマースの大半はBtoB（企業間取引）であったが、近年個人向けのパソコンなどモバイルデバイスの普及によりBtoC（企業と消費者間の取引）は、図3-4が示す通り大きく伸びている。

> **Key word**　eコマース（EC）
>
> 　eコマースは、インターネットなど電子的な手段を介して行う商取引の総称である。狭義には、WEBサイトを通じて企業が商品を販売するオンラインショップのことを呼ぶこともある。取引主体によって、企業間のECを「BtoB EC」（B2B, Business to Business）、企業と消費者のECを「BtoC EC」（B2C, Business to Consumer）、消費者間のECを「CtoC EC」（C2C, Consumer to Consumer）と呼ぶ。「BtoB EC」には電子調達（eプロキュアメント）などがある（図3-5）。eプロキュアメントとはインターネットを利用した部品・資材の調達を行うためのアプリケーションで、「BtoB EC」の最も中核となるものである。「BtoC EC」にはオンラインショップ（電子商店）やオンラインモール（電子商店街）、「CtoC EC」にはオンラインオークションなどがある。

　WEBサイトを通しての航空座席販売は、まず国内線で開始され、ネット上で予約、座席指定、クレジットカードによる決済を済ませ預ける手荷物がない旅客は、出発時に搭乗手続きカウンターに立ち寄る必要のないシステムが実現した。インターネットが登場する以前は、旅行会社や航空会社の市内オフィスで航空券を購入し、空港では搭乗手続きのために航空会社のカウンターに立ち寄る必要が

第3章　航空会社のビジネスとは

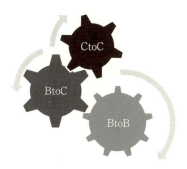

図3-5　3種類のeコマース

あったが、その手間が無くなったのである。顧客は、手元のパソコンから24時間、予約、座席指定、決済、さらに空席状況やフライトスケジュールの確認ができるようになった。航空会社にとっても、顧客からの予約を受けつけていたコールセンターのコストを大幅に削減できることになった。このようにインターネットによる取引は、利用者、航空会社の双方にメリットがあることから取扱額は急速に増加し、近年は過去において主流であった旅行会社での取扱額を大きく上回ることになった。

　国際線は、乗継便の手配、また国際線運賃が国内線に比べ複雑であることなどの理由から、航空会社のインターネット販売比率の伸び率は、国内線に比較すれば緩やかであるが、国際線においても、インターネット上での手続きが拡大している。

（5）One to One サービスの登場

　インターネット上の取引が進化し、航空会社は個人の利用者向けの会員専用ページをサイト上で作成し、会員個人向けのサービスを提供できるようになった。これらのサービスは、"One to One サービス" と呼ばれるもので、マイレージカード会員が自身の会員番号とパスワードを専用ページに入力することで、事前に登録された会員情報をベースに、その会員にあった提案型の個別情報を提供する。これにより、インターネットを通して、航空会社と顧客との直接的なコミュニケーションの幅が拡大し、航空会社にとっては、販売促進や顧客のロイヤルティ向上に貢献し、さらに電話による個別対応が大幅に削減されることになった。

> **Key word** One to One サービス、One to One マーケティング

　"One to One サービス"とは、インターネットのホームページを利用したサービスで、一人ひとりの興味や好みに合わせた情報を提供することである。"One to One"には、一人の顧客に対してひとつの情報という意味があり、同じホームページを開いても、見る個人によって表示される情報が変わる。"One to One マーケティング"は、顧客一人ひとりの嗜好、属性、購買履歴などに基づいて個別に最適化されたマーケティング活動を展開する手法である。

6．AI がもたらすイノベーション

　JAL は2018年4月から本社近くのビル内に"オープンイノベーション"の活動拠点として、「JAL Innovation Lab」を開設した。オープンイノベーションとは、自社だけでなく外部組織の様々な技術、アイデア、ノウハウ、データなどを取り入れ、融合することでイノベーションを創出することである。このラボは"イノベーションを生み出す基盤"の活動現場で、全社員一人ひとりの気づきや知恵を生かし、また100社を超える外部パートナーとの協働で、AI も含めた新しいテクノロジーを活用した新たなサービスの創出を目指している。

　広いスペースのラボ内には、アイデアを発想するエリアやプロトタイプ（試作品）の制作エリア、そして、プロトタイプを並べて検証する空港や機内を模したエリアなどがある。さらに、これをチェックインカウンター、フリースペース＆ハドルルーム、ステージ、ダイニング＆キッチン、クラフトルーム、搭乗ゲート＆キャビンモックアップ、ラウンジ、プロジェクトルームの8つに分けた。尚「ハドルルーム」とは数名程度で会議を行う場所で、よりイノベーションが生まれやすいスペースとして近年多くの企業が導入している。クラフトルームには3Dプリンターが設置され、アジャイル開発の発想に基づき、プロトタイプを作成しテストを行うことで、迅速な検証が可能になる。キャビンモックアップは、エアバス A350-900型機やボーイング777-300ER 型機など、通路2本のワイドボディの広さがあり、モックアップを使った検証を即座に行えるようにした。これらのエリアにおいて、出発前、予約・購入、空港、機内、到着後・生活での一貫したサービスにおけるイノベーションのみならず、貨物、整備、間接部門というオ

ペレーションプロセスも含めて全ての領域でのイノベーションを視野にいれている。

> **Key word** アジャイル（agile）開発
> アジャイル（agile）とは、「素早い」、「機敏な」との意味である。アジャイル開発は、システムやソフトウェア開発における開発手法の一つで、３Ｄプリンターなどを有効に活用することで開発期間が大幅に短縮できる。開発の途中で仕様の変更や追加が予想されるプロジェクトには最適な手法である。

主な参考・引用文献
稲本恵子（2017）『エアライン・ビジネス入門』晃洋書房。
長谷川通（1995）『国際航空運賃の経済学』中央書院。

第 4 章　**LCC（格安航空会社）**

1．LCC が世界を変える―1 万円で海外を往復する時代

　サービスを削減し低コストで航空輸送を行うシステムによって低価格を実現したのが LCC（Low Cost Carrier）である。LCC は我が国では低コスト航空会社、格安航空会社などと呼ばれることもある。（以後 LCC と表記）一方で、従来型のフルサービスを提供する大手航空会社は、FSA（Full Service Airline）、FSC（Full Service Carrier）、あるいはレガシーキャリア等と呼ばれる。

　LCC モデルは既に世界的に普及しており各地で低価格による航空輸送が実現している。欧州では、1 万円以内で域内ほとんどの都市を往復できる。我が国は、LCC による低価格の実現が世界レベルに比較すれば遅れているが、早ければ 5 年、遅くても10年後には、近隣アジアの主要都市との往復航空運賃が 1 万円以内になる可能性がある。このような低価格で、日本と中国、韓国、台湾、さらにアセアンやロシアの一部も行き来できる社会が到来すると、それ自体が、この地域の政治や経済、さらに、人々の意識に変化をもたらすであろう。1950年代にジェット機が登場し、地球規模の移動が一気に早くなった。それまでの旅客船による移動を主役の座から引き下ろしてしまったのである。LCC の登場は、ジェット機登場のそれと同程度の大変革を世界にもたらしつつある（図 4-1）。

2．LCC の成長

（1）インターネットが導いた LCC モデルの世界的拡大

　低コスト低価格の LCC が伸張した背景には、規制緩和にともなう航空会社間の競争激化、また、インターネットの普及による e－ビジネス拡大など航空事業

```
1903年            1950年代           2000年代
ライト兄弟初飛行   ジェット機登場      LCC拡大
```

図4-1　航空輸送における大変革

を取り巻く環境の変化がある。インターネット出現により、航空会社による消費者への直接販売が容易になり航空会社の旅行会社に依存する割合が低下した。従来大手航空会社は、CRS（コンピューター予約システム）の構築が可能な資金力があったが、規模の小さい航空会社は自社でCRSを開発することができなかった。また、大手航空会社は、旅行会社を経由した流通システムにおいて優位で、これらが新規参入航空会社にとっては参入上の障害になっていた。

(2) LCCの現状

　航空会社のビジネスモデルにおいて、世界の航空会社の中には、FSAとLCCの間に位置する航空会社も存在する。そして、そのようなビジネスモデルはハイブリッド型と呼ばれる。このようなFSAとLCCの中間型の航空会社もあるため、LCCの市場シェアは必ずしも厳密なものではないが、世界の総座席数の25～30％はLCCが提供している。地域別では、米国が約30％、欧州は約40％、東南アジアは50％を超えている。我が国のシェアは世界的に見れば低く約10％である[1]。

3．中長距離LCC登場

　図4-2の通り従来型のLCCは、短距離多頻度、FSAに比較してサービスを削減し運航するビジネスモデルである。しかし、近年、短距離だけではなく、中長距離の路線に進出するLCCも存在する。中長距離LCC登場の背景は以下のようなものだと考えられる。

---

1) 2016年時点。CAPA：Center for Asia Pacific Aviation 資料に基づいている。

第 4 章　LCC（格安航空会社）

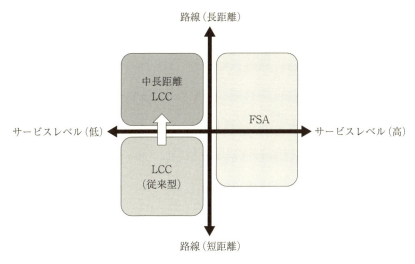

図 4-2　LCC の市場拡大

❶短距離市場の競争激化

　LCC が本来得意とする短距離市場には既に多くの LCC が進出しており、この市場での大きな成長は容易ではない。よって、短距離で培った低コスト運営手法を中長距離で生かそうと考えた。

❷中長距離市場におけるニーズ

　ほとんどの中長距離市場は、FSA だけが運航している。中長距離路線において FSA よりサービスが簡素であったとしても、運賃が安ければ新たな利用者が生まれる。

❸航空機の進化

　中長距離が運航可能な燃費効率の良い航空機が登場している。

　尚、既存の中長距離 LCC の代表的な事例は、北大西洋を運航するノルウェー・エアシャトル、アジア・オセアニアではエアアジア X、ジェットスター、スクートなどがある。

■事例研究　JAL の新 LCC "ZIPAIR Tokyo" と "カニバリゼーション"

　JAL グループの国内初中長距離 LCC "ZIPAIR Tokyo" は、2020年にバンコクと

ソウルに就航、2021年には北米、欧州路線就航を目指している。成田空港を拠点とし機材はB787型機を使用する。まだLCCが就航していない欧米の中長距離路線に最初に取り組み"先行者利益"を狙っている。"ZIPAIR Tokyo"は大手航空会社JALの子会社であるが、このような場合は、カニバリゼーション（cannibalization）について注目しておく必要がある。カニバリゼーションとはマーケティング用語で、自社の商品が自社の他の商品を侵食してしまう「共食い」現象のことを言う。大手航空会社が、グループ内に新しいLCCを設立する場合は、カニバリゼーションにならないように注意する必要がある。

> **Key word** 先行者利益
> "先発優位"とも呼ばれ、新たな市場にいち早く参入し、あるいは新製品をいち早く導入することで得られるメリット（利益）のこと。

4．PSAが創造しサウスウエストが完成したLCC

（1）PSAの成功と破綻

　世界に拡大したLCCのビジネスモデルは誰が（どの航空会社が）、どのようにして創りだしたのであろうか。それはカリフォルニア州内を運航する航空会社であったパシフィック・サウスウエスト航空（PSA: Pacific Southwest Airlines）が作り出し、後にそのモデルを真似たテキサス州のサウスウエスト航空が完成したビジネスモデルである。

　1949年設立のPSAはカリフォルニア州サンディエゴを本拠地にした州内航空会社であった。州内航空会社とは州の中だけでの運航が許可されている航空会社である。PSAは大手航空会社との厳しい競争に勝つために独自の低コストモデルを創り出した。PSAは資金力のない小規模な航空会社で、大手とは異なるビジネスモデルを創り上げる必要に迫られていた。PSAはLCCモデルの基本である短距離多頻度運航、機内サービス削減などで低価格を実現し、従来は航空機を利用しなかった自動車やバスの利用者を取り込むことで黒字化に成功した。運賃が安いPSAは、サンディエゴにある海軍基地の安月給の水兵たちに人気があり、彼らが良く利用したことから"Poor Sailor's Airline"と呼ばれていた。

第4章　LCC（格安航空会社）

　60年代に入り、LCCモデルが功を奏しビジネスマンも利用するようになりPSAは大きく成長した。1965年には、より効率的な運航を目指し他社が行っている事前座席指定をとりやめ"乗合バス"のように先着順に座席を選ぶ方式に切り替えた。さらに機内においては、ミニスカートのカリフォルニアの美女たちがスチュワーデスとして登場し、座席の上にある手荷物用コンパートメントに客室乗務員が隠れていて乗客を驚かせるなどのパフォーマンスも頻繁に行った。そのユニフォームや型破りなパフォーマンスのみならず、親しみやすい接客態度で利用者を魅了し人気航空会社の地位を築いたのであった。

　1967年にテキサス州で設立されたサウスウエスト航空は、短距離のみを運航するビジネス形態がPSAと類似していることから、PSAのモデルを真似てビジネスを開始した。サウスウエストとPSAは市場が重ならず（PSAの市場はカリフォルニア州、サウスウエストの市場はテキサス州）一切競合関係にないことから、PSAは、経営手法を網羅した訓練マニュアルまで提供してサウスウエストの経営に協力した。その後も、PSAの様々なビジネス手法をサウスウエストは取り入れた。PSAのミニスカートの制服とカリフォルニアらしい明るく奇抜なプロモーション手法も引き継いだ。

　順調な業績であったPSAは、自ら作り出したLCCモデルから逸脱するという経営ミスを犯し破綻することになった。成功が慢心をもたらしたPSAは多額の資金を投じて経営の多角化に乗り出した。航空専門学校や航空機リース会社を設立、さらにリゾートホテルを取り扱うヴァケーションビジネスに進出したPSAは、これら航空輸送以外の多くのビジネスの赤字が航空輸送の利益を食いつぶすことになった。経営は破綻し1987年にUSエアウェイズに統合され、その社名は消滅した。

（2）サウスウエスト航空の成功—ハーブ・ケレハーの功績

　サウスウエストは、小さな航空会社を経営していたロリン・キングやキングの会社の法律顧問で後にCEOになるハーブ・ケレハー等によりテキサス州内航空会社として設立された。キングは、成功しているPSAを徹底的に研究し、PSAのビジネス手法を用いれば成功すると考え創業を決意した。しかし、サウスウエストの創業期は、大手航空会社によって妨害され訴訟の連続であった。1970年末になってようやく裁判所はサウスウエストの運航を認めたが、この勝利は弁護士

であり政治手腕もあったケレハーが勝ち取ったものであった。

　1973年、ダラスの新しいダラス・フォートワース空港完成時、サウスウエストは運航を新空港に移さず従来から使用していたラブ・フィールド空港で行うことを新空港に通知した。ラブ・フィールドは古い空港であったが都心に近くビジネス客には便利であった。しかし、新空港側は空港建設に伴う債務返済でサウスウエストの支払いをあてにしていたことから、ダラス市、フォートワース市、地方空港委員会はサウスウエストを訴える合同訴訟を起こした。訴訟の根拠は、1968年の契約条項で新空港側はサウスウエストに空港使用料や借地料の支払いを求めていたことであった。裁判は5年かかったが最高裁判所でサウスウエストの勝利が決まった。

　尚、サウスウエストは、近年米国で最も成功した航空会社の一つであるが、その成功は単純にLCCモデルがもたらしたものではなく、堅実な経営、さらに経営上の様々な工夫が成功の要因であった。サウスウエスト以外にも低価格モデルの航空会社は数多く登場したが、先のPSAも含め破綻した企業も多く全ての低価格モデルが経営的に成功したわけではない。

5．夢を追いかけたレイカー航空―スカイトレイン

　LCCモデルは、欧州においてもその萌芽はあった。サウスウエストが運航を開始してから6年遅れて、欧州でLCC型のビジネスを開始したのは、フレデリック・レイカーが経営するイギリスのレイカー航空であった。北大西洋路線という当時も現在も最も過激な競争状態にある市場における大手航空会社のカルテル（企業同士がお互いの利益を守るために協議し、価格などの協定を結ぶこと）へのレイカー航空の挑戦は当時大きな注目を集めた。

　レイカー航空は当初チャーター専門の会社であったが、1977年9月、英米路線でパン・アメリカン、英国航空などの大手航空会社と対抗するために、"スカイトレイン"のブランドでLCCモデルの代表的な特徴である"ノンフリル"（機内サービスが簡素で、飲食やエンターテイメントのサービスが無いこと）を採用し、格安運賃でロンドン＝ニューヨーク間の定期運航を開始した。使用していた航空機は、マクドネル・ダグラス社のDC10型機であった。このビジネスは成功しレイカー航空は、欧州域内、香港、さらに世界一周路線開設の計画も発表した。

　しかし、レイカー航空の経営のピークは1978年で、1979年に入ると第二次オイ

第4章　LCC（格安航空会社）

表4-1　航空事業の主な費用

燃油費	飛行によって消費する燃料代。5項目の中では、最大の費用となる。
機材費・整備費	航空機の購入費、リース料、整備のための部品費など。
空港費	空港での着陸料、施設設備利用料など。
人件費	社員の人件費。
販売費その他	航空券販売、機内サービス、広告宣伝費その他間接業務等に係る費用。

ルショックによる燃料価格の高騰、さらに同年5月に起きたアメリカンのDC10型機の墜落により経営は悪化した。DC10型機に欠陥があると判断され同機材は6週間使用停止となり多額の損失を被ったのである。さらに、イギリス経済の不況を受けての乗客減、ポンド安とドル高を受けて、燃料費、機体購入費、借入金の利払いの多くをドル建てにしていたレイカー航空は多額の損失を計上し、1982年5月に破綻した。

　フレデリック・レイカーは、低価格の実現で一時庶民の英雄のようにもてはやされた。また、当時のイギリス首相サッチャーからも自由化の旗手として称賛されたこともあった。一方で、"短期的には評価されたとしても長期的には経営を圧迫する過度の安売り、そして、無計画で無謀とも言えるペースで事業を拡大したことが崩壊をもたらした"との厳しい評価もあった。

6．LCCモデルで利益を出す仕組み

　他のビジネスも同様だが、航空会社が利益を上げるには、まずコストを下げる必要がある。コストには、燃油費、航空機材の購入・リース費、整備費用、空港で必要な費用、人件費、広告宣伝費も含め販売にかかる費用など全てが含まれる（表4-1）。このような費用を対象に、航空会社の商品である航空座席の1席当たりのコストを下げる仕組みを整える必要がある。1席当たりのコスト低減の方法は下記の通りである。

❶全体のコストを下げる
❷座席を多くする

　同じ費用をかけて航空機を運航する場合、座席が多い方が、1席当たりのコストを下げることができる。

❸機材の稼働率を上げる

　航空機は資本財で、その稼働率（時間当たりの運航回数）を上げることで実質的に座席を多くできる。例えば、座席数200席の航空機を一日に一回だけ運航するよりも、航空機の遊休時間（運航していない時間）を減らし、2回、3回と多く運航した方が、多くの座席を提供したことになる。

> **Key word**　資本財
>
> 　資本財とは、経済学用語で、将来の利益が期待できる生産の資本となる機械、原料などの財。資本財は流動資本財と固定資本財に分けられ、1回限りの使用で消耗する原料などは流動資本財、長期にわたって使用される航空機、機械、工場設備などは固定資本財である。

　収入を増大させるには下記の二つの方法がある。
❶高いロードファクター
　ロードファクターとは座席の利用率である。座席を多くすることができたとしても、その座席を有効に利用できないと収入増加にはつながらない。よって、できるだけ空席を少なくする必要がある。尚、全体の提供座席の内、どの程度の利用率になれば、採算がとれるかを示す数値は、"ブレークイーブンポイント"と呼ばれる。
❷高い航空運賃
　運賃設定は、マーケティングにおいて非常に重要である。航空運賃が高く、ロードファクターも高い状態は理想ではあるが、航空運賃が高すぎると旅客から敬遠される。よって、高い航空運賃に見合う航空サービスを提供する必要がある。しかし、サービスレベルを上げることは、コスト増につながり、全体の収支のバランスを考えて判断する必要がある。

> **Key word**　ブレークイーブンポイント（Break Even Point：損益分岐点）
>
> 　航空機の座席の何パーセントが有償旅客によって利用されれば採算が取れるかという境目の数値。（尚、厳密には、同じ航空機の貨物の搭載量によっても影響を受ける数値である）

第 4 章　LCC（格安航空会社）

表 4-2　大手航空会社と LCC モデルの比較

	大手航空会社	LCC モデル
運賃	多様、複雑	単純
路線	ハブ・アンド・スポーク、乗り継ぎサービス有り	ポイント・ツー・ポイント、短距離多頻度、乗り継ぎサービス無し、
機内サービス	フルサービス（飲食、娯楽サービスなど）、複数クラス、座席指定有り	ノンフリル、単一クラス、座席指定無し
販売	旅行会社経由主体	ネット経由など直接販売主体
マイレージ	有り	無し
他社提携	有り	無し
機材	多種	単一機材（B737、A320 など）
使用空港	主要空港	二次的空港（着陸料が安い）
機材折返し時間	平均 40～60 分	30 分以下

7．大手航空会社と LCC のビジネスモデル比較

　サウスウエストは、PSA から受け継いだ経営手法と堅実でねばり強い経営で成長を続けた。大手航空会社と LCC のビジネスモデルの比較は表 4-2 の通りである。LCC の特徴は、大手航空会社の主な特徴であるハブ・アンド・スポーク型ネットワーク、多様な機材構成、短距離から長距離までの多様な路線運航、機内サービス有、複数クラス、乗り継ぎサービス提供などとは対照的である。ただ近年、サウスウエストが完成した LCC のオリジナルモデルを離れて、一部 FSA のモデルを取り入れる LCC も登場している。

8．ハイブリッド化とウルトラ LCC の登場

　ホテルビジネスでは、サービスレベルの多段階化が進展している。航空サービスの多段階化は、このレベルには追い付いていないが、様々な特徴のある LCC モデルが登場しており、そのサービスは一律ではない。例えば、欧州を代表するLCC 大手ライアンエアーとイージージェットのビジネスモデルは異なるものである。ライアンエアーは、サウスウエストが完成した LCC 原型モデルを踏襲しているが、イージージェットは、座席指定有り、持込手荷物は無料で重量制限無し、各都市の主要空港を使用するなど大手航空会社に近いサービスも実施してい

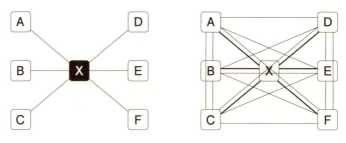

図4-3　ハブ・アンド・スポーク型ネットワークの特性

る。ドイツのベルリンを拠点とするエアベルリンは、座席指定無料、持込手荷物及び受託手荷物無料、機内食や飲物も無料、機内エンターテイメントもあり、ハイブリッド型LCC（LCCと大手航空会社の中間のビジネスモデル）である。

一方、ウルトラLCC（Ultra Low Cost Carriers）と呼ばれる従来のLCCよりさらに安い運賃の超格安航空会社が登場している。米国のスピリット（Spirit Airlines、本拠地はフロリダ州）やアレジアント（Allegiant Air、本拠地はネバダ州）は、その代表で、狭いシートピッチ（座席と座席の間隔）、サービスは無く、機内手荷物、機内での飲料は水を含めて有料である。ウルトラLCCは、追加料金などの付帯収入が40％以上を占めている。

9．ハブ・アンド・スポーク型とポイント・ツー・ポイント型

単純な2地点間の輸送をポイント・ツー・ポイント運航と呼ぶ。一方、広範囲をカバーする運航に適しているとされるネットワークが、ハブ・アンド・スポーク型ネットワークで、規制緩和後急速に普及した。図4-3の左の図は、地域の西側にあるA、B、C3都市と東側にあるD、E、F3都市をハブX経由で結ぶハブ・アンド・スポーク型ネットワークモデルを図式化したものである。ハブXを利用して、東西各都市からハブXまでの3路線（合計6路線）を運航すれば、ハブ経由で全ての都市を結ぶことができる。しかし、都市Xも含め、ポイント・ツー・ポイント型で7都市を全て結ぶには右の図の通り21路線必要である。（組合せ：7×6÷2＝21）このようにハブを活用した運航により効率的な路線ネットワークを構築することができる。規制緩和以降、大手航空会社による寡占化が進行し、大手航空会社によるハブ・アンド・スポーク型ネットワークが航空輸送ネットワークの主要モデルになった。しかし、近年LCCの伸張によりポイ

第 4 章　LCC（格安航空会社）

表 4 - 3　我が国の LCC

	ピーチアビエーション	ジェットスタージャパン	春秋航空日本	ZIPAIR Tokyo
主要株主	ANA	JAL、カンタス航空	春秋航空	JAL
事業形態の特徴等	2019年度末を目途にバニラエアと統合。	日本国内のLCCの中で最大規模。	春秋航空と連携。	国際線中長距離LCC。2020年就航。

出所：各社ウェブサイトなどから筆者作成（2019年7月時点）

ント・ツー・ポイント運航は、その価値が見直されている。

10．我が国の LCC

　我が国の航空運賃は世界的にみても非常に高い公租公課（空港使用料や航空機燃料税）が重い負担となっており下げるには限度がある。これらの制約が LCC 型新規航空会社の成長を妨げている。国内線 LCC の第二の課題は新幹線や高速バスとの競争である。サウスウエストは地上交通機関から旅客を奪いとって、新規需要開拓を行ったが、我が国の新幹線は政府の手厚い支援を受け質の高いサービスを独占的に全国展開しており、また高速バスは低廉な価格で利用者を伸ばしており、これら他交通手段から旅客を奪いとることは容易ではない。我が国の LCC は、表 4 - 3 が示す通りである。

主な参考・引用文献

赤井泰久・田島由紀子（2012）『「格安航空会社」の企業経営テクニック』TAC 出版。

Morrison, S. A., C. Winston（1995）*The Evolution of the Airline Industry*, Brookings Institution. 邦訳：郭賢泰訳（1997）『規制緩和の経済効果：アメリカ航空・陸上運輸産業の経験』日本評論社。

Mayo, A.J., Nohria, N., Rennella, M.（2009）*ENTREPRENEURS, MANAGERS, AND LEADERS*, PALGRAVE MACMILLAN in the United States - a division of St. Martin's Press LLC.

第5章　**レベニュー・マネジメント―最強の経営理論**

1．伝説の経営者R・クランドールが発明したイールド・マネジメント

（1）マーケティング戦略におけるイールド・マネジメント

　"マネジメントの父"と称された経営学の巨人ピーター・ドラッカー（1909-2005）は著書の中で、「マーケティングの理想は、販売を不要にすること」と述べている。マーケティングとは、顧客の真のニーズを認識し、そのニーズを満足させ、それに基づいて利益をあげる総合的な経営理論であり経営プロセスである。マーケティングの本来のプロセスを経て製品やサービスを提供すれば、企業本位の宣伝などで無理やり販売しなくても、顧客が「これが欲しかった」と自然に購入してくれる状態を作ることができる。

　マーケティングのプロセスは、図5-1が示す通り4つのP、つまりProduct（製品）、Price（価格）、Promotion（プロモーション、販売促進）、Place（流通）で構成され、航空事業においてマーケティング理論を適用するには、どのような製品（サービス）を、どのような運賃で顧客に提供し、どのような販売促進活動を行い、どのような流通ルートを使って販売するかを確立する必要がある。

　マーケティングの4Pに基づいて、航空事業を分析すると航空事業の特性が見えてくる。航空事業が提供するのは航空機を使って目的地まで顧客を運ぶ輸送サービスである。世界の航空機市場は米国のボーイングと欧州のエアバスの複占であり世界の大多数の航空会社は、この二社の航空機を使用している。そして、この二社の航空機は飛行の効率性や快適性を追求した結果、製品として大きな違いはない。確かにファーストクラス（さらにビジネスクラスでも）は個室に近い構

図5-1　マーケティングの4P

造で、身体を真っ直ぐ伸ばすことができるベッドの形状になる高級な座席を提供している。また、エコノミークラスもより高いレベルの快適性を求めて工夫をしているが、これらの新たなサービスを、他社が模倣することは比較的容易である。つまり、最初のPであるProductについては、大きな差別化はできない。PromotionもPlaceも様々な工夫はできるが、競合他社との大きな違いを作り出すことは容易ではない。インターネットが普及していない時代は、大手航空会社が多額の資金を投入して開発したコンピューター予約システム（CRS）が流通（Place）の差別化につながったが、インターネットの普及で、格差の差異は減少している。（もちろん、製品、販売促進、流通における工夫も継続して進める必要があることに変わりはない）

　このような実態を踏まえれば、PriceのP、つまり航空会社の運賃の領域における戦略的手法が重要なのである。"イールド・マネジメント"は、航空会社がその経営能力を最大限発揮し航空運賃において競争力を向上するための、最強の経営戦略である。

（2）イールド・マネジメント登場の経緯

　航空会社が提供する輸送サービスは、「在庫の利かない最も腐りやすい商品」、つまり、航空機が出発してしまえば、どんな高価な航空サービスであっても価値がゼロになってしまう"即時財"である。イールド・マネジメントは、消費者の

第5章　レベニュー・マネジメント—最強の経営理論

　需要を正しく予測し、最適な多段階運賃の設定を行い、これらの運賃の座席をどのようなタイミングで販売するかをコントロールすることで空席を減じ、最大限の収益をあげる経営における重要なマーケティング戦略であり実践的な理論である。"イールド"（yield）とは、単位当たりの平均収入額（平均運賃額とも言える）のことである。具体的には、旅客一人当たりの運航距離1キロメートル（または1マイル）当たりの収入額である。

　航空のように供給数量（キャパシティ）に上限があり、同時に在庫を持ち越せないビジネスにおいて収益の最大化を可能にする手法を開発し、この手法にイールド・マネジメントという名前をつけたのはアメリカン航空の会長兼CEOで航空業界のレジェンドであるロバート・クランドール（Robert Crandall, 1935-）である。彼は、イールド・マネジメントのことを"The single most important technical development in transportation management since we entered deregulation"と言った。

　クランドールは、1966年にTWA（Trans World Airlines）に入社、一時デパート業界に身を置いた後、財務担当役員としてアメリカン航空に入社した。1982年に社長に昇格、1985年には会長兼CEOに就任した。クランドールの経営者としての業績は目覚ましく、イールド・マネジメントを確立したパイオニアであると同時に、世界最初のマイレージプログラムや最新のコンピューター予約システムCRS（Computer reservation system）の代表的モデルSabre（セーバー）の開発にも携わった伝説のスーパー経営者である。

　イールド・マネジメント開発のきっかけは、1978年の米国における航空規制緩和法成立であった。この航空業界における自由化を背景に、低価格を売り物に様々な新興企業が大手航空会社の支配する市場へ参入した。これら新興企業の安売りの動きに対して、アメリカン航空は対抗できる低運賃を研究しはじめた。この開発の過程で、当時のアメリカン航空の便の多くはかなり空席がある状態で飛んでいることに注目した。（アメリカン航空のみならず、当時航空運賃は一律であったため、多くの航空会社が空席の多い状態で飛ぶことは珍しいことではなかった）そして、クランドールは、この空席を低価格で販売することができないかと考えた。規制緩和によって、航空会社は自由な運賃設定が可能になり、運賃体系を工夫し最大限の収益をあげる経営戦略開発の環境は整った。

　さらに、この経営戦略への取り組みを加速したのは、コンピューター予約シス

テム CRS の登場である。CRS 開発前の手作業では、多様な運賃の在庫管理をするには限界があるが、コンピューターを使用することで在庫管理、さらに、過去のデータの蓄積や分析が容易になった。アメリカン航空は自社の CRS の在庫管理機能を利用して割引運賃 "Super Saver" を開発した。"Super Saver" は、フライトの 3 週間前までに予約を入れた場合に限って特別運賃を適用するものであった。

　1985年に、アメリカン航空は、業界で大きく躍進していた格安航空会社ピープル・エキスプレスの安い運賃に対抗するために、さらに安い新運賃（"Ultimate Super Saver"）を打ち出した。この新運賃は、早期購入など制約はあったものの、ピープル・エキスプレスの運賃より安かった。アメリカン航空のクランドールが推進したイールド・マネジメントは、その後、他の航空会社、さらに他の旅行・交通関連産業にも普及していった。

■事例研究　ピープル・エキスプレスの栄光と崩壊
　1978年に成立した米国航空規制緩和法は、多くの航空会社に大きなビジネス拡大の機会を提供した。急成長を遂げた新興の航空会社も多かったが、1981年にドナルド・バーによって設立されたピープル・エキスプレスはその先頭を走った。ピープル・エキスプレスは、ニューヨークの第三空港であるニューアーク空港を本拠地として、当初はボーイングの中古機材を使って国内線格安航空会社として航空ビジネスを開始した。その後急拡大し1983年にはロンドンへの国際線運航も開始した。しかし一時は安売りで急成長したが、大手航空会社によるピープル・エキスプレスの路線を狙い打った低価格攻勢に見舞われ乗客は激減した。そして経営が悪化し1987年にコンチネンタル航空に買収された。

（3）イールド・マネジメントが有効なビジネスモデル

　イールド・マネジメントを適用できるビジネスモデルは以下の特性がある（図5-2）。

❶ perishability：商品の販売にタイムリミットがあること。航空輸送で言えば、航空機が出発してしまえば、どんな高価な座席も価値がゼロになってしまう即時財であること。

❷ fixed capacity：航空機の座席数は事前に決まっている。このことから、仮に、

第5章　レベニュー・マネジメント—最強の経営理論

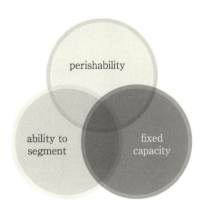

図5-2　イールド・マネジメントが有効なビジネスモデルの要件

空席がある場合は、次の席を販売するために必要な追加費用（限界費用）は軽微で、空席のまま飛ばすよりは、安い価格であっても限界費用を上回る限り、販売した方が利益の最大化につながる。

❸ ability to segment：その商品、サービスに対して、顧客が支払っても良いと考える金額に違いがあり、その違いに応じて顧客を細分化することができる。

仮に、商品の販売数量に限界はなく即時財でないとすると、それは、イールド・マネジメントではなく、ロジスティックス（原材料調達から生産・販売に至るまでの物流）が重要になる。実際に街で売られている商品の多くは即時財ではない。衣料品が売れ残った場合は、バーゲンセールをするなどして次の機会に販売することができる。食料品でも、消費期限内であれば、販売することが可能である。

> **Key word**　限界費用
> 　生産設備が一定の場合、生産量の一単位増加にともない増える費用の増加分のこと。航空事業においては、一人の旅客が追加的に航空サービスを利用することによって生じる航空会社の費用の増分である。

2．レベニュー・マネジメントへ発展

　レベニュー・マネジメントは、イールド・マネジメントとほぼ同じ意味として使用されている。前述の通り、航空会社の座席管理手法は、アメリカン航空のクランドールによって開発された。他の航空会社、さらに航空会社の経営モデルと似ているホテル業界なども、このアメリカン航空の成功に注目した。ホテル業界の商品（部屋）も「商品の在庫がきかない」、「販売数量（部屋数）が限定されている」、「顧客が支払っても良いと考える部屋代は違いがある」など航空会社の商品（座席）と共通点が多く、イールド・マネジメントの手法を採用するようになった。

　尚、今日では、"レベニュー・マネジメント"という言葉がより一般的に使用されている。イールドとは、航空会社固有の単位当たりの収入を表す用語であり、ホテル業界など他の業界には馴染まないことが、"レベニュー・マネジメント"という用語が普及した理由の一つである。また、初期の頃の"イールド・マネジメント"は、航空座席の適正な在庫管理にフォーカスし収益を最大化する手法であった。その後、この手法が発展し、需要予測に基づいた市場の細分化、そして多様な顧客に適合した商品を適正な価格で提供することを重視するなど、より幅の広いマーケティング手法になったことも、"レベニュー・マネジメント"が使用されるようになった理由である。さらに言えば、この手法の最終目標は、レベニュー（収入）の最大化であることから、"レベニュー・マネジメント"の方が実態に即した名前だと言える。よって、第1節においては、クランドールの業績に敬意を表し"イールド・マネジメント"という言葉を使用したが、以下の節においては、"レベニュー・マネジメント"を使用する。

3．航空運賃の多様化、多段階化

　初期の航空輸送の運賃体系は単純なものであったが、規制緩和の進展とともに航空運賃の多様化、多段階化が進んだ。レベニュー・マネジメントにおいては運賃の多段階化が欠かせない。多段階化とは、言い換えれば"価格差別（Price Discrimination）"を行うことである。

　運賃の多段階化によって、様々な航空運賃が消費者に提示されることになり、同じフライトの同じクラスであっても運賃が異なることがある。航空サービスの

第5章 レベニュー・マネジメント―最強の経営理論

商品は即時財であるため、出発の時間までは割引をしてでもその販売価格が、限界費用を上回る限り販売した方が収入最大化に貢献する。

> **Key word** 価格差別
>
> 価格差別とは、企業が同じ財やサービスを異なる価格で消費者に販売する行為である。仮に、航空会社が個々の消費者が支払っても良いと考えている運賃レベルを全ての消費者に提示すれば、航空会社は収益を最大化できる。何故なら、実際の提示運賃と個々の消費者が支払っても良いと考える運賃の差である消費者余剰（Consumer's Surplus）が消滅するからである。

図5-3、図5-4、図5-5は、縦軸に運賃P、横軸に航空座席数X（航空サービスの量）をとっている。DD'は需要曲線で運賃と需要量（販売座席数）の関係を示している。需要曲線とは、ある商品の市場に提示された価格に対応する需要量を表したグラフのことで、航空事業においては、航空会社から提示された航空運賃に対して「何人の人が、その金額を支払っても良いと考えるか」（需要量）を示している。需要曲線が右下がりなのは、運賃が低いほど需要量が増加する、つまりその金額を支払っても良いと考える旅客が増加するからである。

図5-3は、価格がP_1であれば需要量はX_1になることを示している。価格がP_1より高ければ、その価格を評価する顧客の数は減少する。顧客が支払っても良いと考える金額と消費者が実際に支払う金額の差は、消費者余剰と言われる。図5-3において、DE_1P_1の三角形の部分が消費者余剰になる。運賃はP_1で提示されているため、P_1より高い金額を支払っても良いと考える顧客は、支払い余力があるにもかかわらず、P_1しか支払わない。その支払い余力の部分が、この三角形の部分になる。このことから、航空会社は消費者余剰がゼロになるような航空運賃の設定と座席の販売ができれば収益を極大化することができる。

図5-3は、P_1という単一価格のみを市場に提示した場合を示しており、$OP_1E_1X_1$のグレーの四角形部分が総売上額になる。図5-4は、価格をP_1、P_2、P_3の3段階で販売した場合を示している。P_3の価格があれば、需要曲線に従って、X_1-X_3だけの座席数の販売を増やすことができる。また、P_2の価格があれば、$0-X_2$の座席数は、P_1より高いP_2の価格で販売することができる。よって、P_1、P_2、P_3の3段階の運賃の座席数の割振りや各運賃の座席をどのようなタイミン

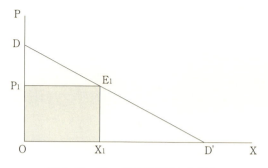

図5-3　単一価格で販売した場合

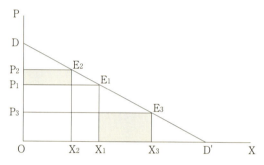

図5-4　3段階の価格で販売した場合

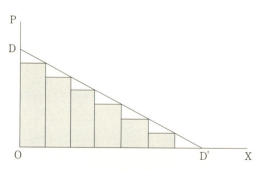

図5-5　多段階の価格で販売した場合

第5章　レベニュー・マネジメント―最強の経営理論

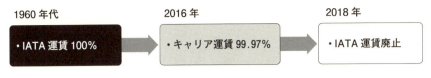

図5-6　国際航空運賃の変化

グで販売するか、つまり座席販売の在庫管理を適正に行えば、2カ所のグレー部分の売上を図5-3の場合より増やすことができる。

図5-5は、より多段階の運賃レベルで販売した場合である。理論的には、できるだけ多くの運賃レベルを設定し、需要曲線DD'に添う形で販売し消費者余剰を極小化することで総収入の最大化が実現する。

■事例研究　IATA運賃の廃止
　国際線の運賃は、IATA（国際航空運送協会）の加盟航空会社が年に1回IATA運賃調整会議を開催し、そこで決定し、加盟航空会社が共通に使用する「IATA運賃」と、航空会社が独自に定める「キャリア運賃」があった。図5-6が示す通り、かつて国際航空運賃の主流はIATA運賃であったが、運賃の規制緩和が進展し各航空会社独自のキャリア運賃を制定しやすくなった。さらにIATA運賃制定自体が独禁法に抵触する可能性が浮上したこともあり、2018年にIATA運賃は廃止された。

4．収益最大化のための3要素

レベニュー・マネジメントによる収益最大化実現のための重要な3要素は図5-7の通りである。

（1）オーバーブッキング（過剰予約）

フライト当たりの乗客数を最大にするには、予約の段階で座席数以上に予約を受けつけること、つまりオーバーブッキング（Over Booking）が必要である。何故なら、予約はするものの搭乗しない旅客（「ノーショー（No Show）」と言われる）が一定程度いるためである。図5-8は、オーバーブッキングの構造を示したもので、予約カーブが示す通り、予約開始から予約数が増えてゆき、ある時

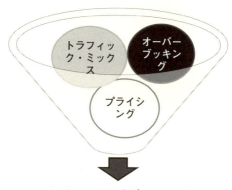

図5-7　レベニュー・マネジメントの重要な3要素

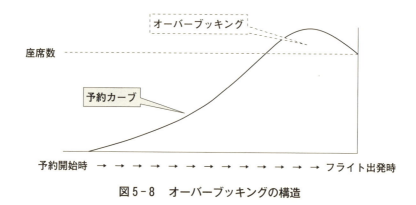

図5-8　オーバーブッキングの構造

点で座席数を上回る予約を受けつけてオーバーブッキングの状態になる。同時に予約のキャンセル、また、ノーショーの発生で、フライト出発時に予約数と座席数が一致すると座席を完売したことになる。尚、このオーバーブッキングは、最大限の座席販売を目指すための計画的に管理されたオーバーブッキングであるため、コントロールド・オーバーブッキング（Controlled Over Booking）とも呼ばれる。ノーショーによる旅客数の目減りを最小化し高いロード・ファクター（座席利用率）を実現するには、過去のデータに基づいた精緻な予測によるコントロ

第5章 レベニュー・マネジメント―最強の経営理論

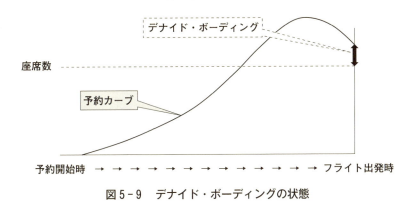

図5-9 デナイド・ボーディングの状態

ールド・オーバーブッキングが欠かせない。

Key word "デナイド・ボーディング"と"スポイレッジ"

オーバーブッキングの結果、出発当日のノーショー旅客が航空会社の想定より少なく、座席数を超えて予約旅客が空港にあらわれた場合、一部の旅客は予約通りのフライトに搭乗できなくなる。図5-9で示した通り、フライト出発時に予約カーブが座席数まで下りない状況では、予約をもっている搭乗予定者が搭乗できない"デナイド・ボーディング"（denied boarding）が発生する。航空会社は、このような場合一定額の協力金や食事券、宿泊券などの提示で代替便に移ってくれる搭乗予定者を見つけ、オーバーブッキングを解消する。しかし、このような条件提示をしても、自発的に搭乗を取りやめてくれる旅客が必要な人数に達しないこともある。このような場合は、航空会社が設定した基準で搭乗出来ない旅客を指定すること、つまり"インボランタリー・デナイド・ボーディング"が生じる。尚、航空会社の想定以上にノーショー旅客が多く最終的に空席が出てしまうことを"スポイレッジ"（spoilage）と言う。

■事例研究 アメリカの大手航空会社国内線の座席利用率は、85.5%（2017年）と非常に高く、10年以上80%を超えている。LCCも同様に高くFSAに近い数字である。一方、我が国の国内線は、はるかに低い数字である[1]。（同じ年のJALは71.8%、

1）出所は「アメリカ航空産業の現状と今後の展望」一般財団法人運輸総合研究所（2018年11月30日）

ANA は68.9％）これは何を意味しているのであろうか？　それは、アメリカの航空会社が、より過激なオーバーブッキングを行っていることを意味している。空席のまま飛ばすよりは、より多めの予約を確保し、デナイド・ボーディングが発生しても前述の手法で対応し結果として1席でも多く座席を売った方が収益増につながるからである。デナイド・ボーディングが頻繁に発生すると、その航空会社の予約システムへの信頼を損ね、サービス自体の評価を下げることになる。一般には、良いサービスが高い収益性をもたらすと考えられがちであるが、ビジネスにおいてサービスの評価だけにこだわらず総合的観点から経営判断することの重要性を物語っている。

2017年4月シカゴ・オヘア国際空港で、ケンタッキー州ルイビル行きのユナイテッド（以下 UA）機内において、オーバーブッキングが原因で、飛行機から男性乗客を、空港の保安担当官を使って無理やり引きずり下ろし、その男性に怪我をさせる事件が発生した。UAは、ルイビルへの移動が必要な4人の自社乗務員の座席確保ができていなかったため、乗客に対し、800＄（最初は400＄を提示したが、乗客側からの申し出がなかった）とホテル宿泊券を提示した。しかし、それでも応じてくれる乗客がいなかったのでUAは降ろす4名を自社の基準で選んだ。UAが無理やり降ろそうとした乗客の一人はアジア系男性医師で、彼が流血した状態で暴力的に機内の床を引きずられていくという衝撃的な動画が、機内に居合わせた乗客たちによって投稿され、メディアやSNSで拡散された。UAのCEOは、この前代未聞の非人道的事件を受けて謝罪した。

（2）トラフィック・ミックス（多段階運賃の割合の最適化）

収益最大化のためには、単純にフライトを満席にすれば良いわけではない。安い運賃だけの旅客で満席になってもフライト全体の収益は低いからである。多段階の運賃が存在する状況で、"トラフィック・ミックス"（多段階の運賃を利用した旅客が一つのフライトで混在する状況）を最適なものにするには、需要曲線（フライト需要曲線）にそって、どのように航空旅客をグループ分けするかが重要なカギになる。

トラフィック・ミックスを最適にコントロールする手法は"セルアップ方式"と呼ばれる。セルアップ方式においては、航空会社は、まず各フライトに最適な需要曲線を予測する。図5-10は、フライト需要曲線の事例を示したものである。

第5章　レベニュー・マネジメント―最強の経営理論

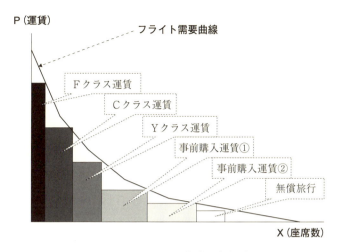

図5-10　フライト需要曲線と多段階運賃

この図で示した通り、航空会社は、顧客を多段階の運賃レベルに応じた複数のグループに分けて、グループごとに異なった運賃を提供することで、収入の最大化を目指す。フライト需要曲線の一番右側にある座席は、マイレージ会員の無料航空券など無償、あるいは無償に近い運賃の旅客に充てられる。右から2番目のグループの旅客には、出発30日前までの事前購入、予約変更は不可、キャンセルしても払い戻しが無いなどの制約が課せられる。右から3番目のグループは、少し制約条件が緩和された事前購入運賃が適用される。セルアップ方式では、無償旅行を除き、右側にある運賃から航空券を販売していく。そして出発日が近づくにつれて、制約条件を緩和しながら運賃を上昇させていく。図の左側にあるファーストクラス普通運賃（コードはF）、ビジネスクラス普通運賃（コードはC）、エコノミークラス普通運賃（コードはY）などの普通運賃は事前購入運賃よりも高額であるが、制約条件はなく、フライト出発直前まで購入可能である[2]。重要なのは低い運賃の座席数には一定の制限を設定することである。低額な運賃が大量に販売されてしまうと、望ましいトラフィック・ミックスが達成できず、イール

2) ビジネスクラスを最初に導入したパンアメリカン航空は、当初クリッパークラスと読んでいたため略号はCである。エコノミークラスの略号がYであるのは、頭文字Eがアルファベット順でFより最初に来るため、下位クラスであることを示すため最後尾のYを略号とした。

ドが低下してしまう。尚、各運賃区分の配分は販売開始後も売れ行き状況によって変動する。

> **Key word** プレミアムエコノミー
> 　近年、ビジネスクラスとエコノミークラスの中間に位置するプレミアムエコノミークラス（コードは W）が多くの航空会社で導入されている。プレミアムエコノミーの座席はエコノミークラスの座席より広く、サービスレベルも高い。

> ■事例研究　RBD（Reservation Booking Designator）について
> 　航空会社では、旅客に提示するファーストクラス、ビジネスクラス、エコノミークラスなどとは別に、予約数をさらに細かく管理するために、RBD という予約識別コード（予約管理のためのクラス）を設定している。つまり同じクラスであっても、予約管理の観点から、さらに細かいクラス分けがされている。例えば、同じエコノミークラスであっても予約控えなどにある B、H、K などのアルファベット表記で RBD を知ることができる。これら RBD によって、予約の取りやすさ、キャンセルや変更の際の条件が変わってくる。マイレージの獲得度合いも RBD によって変わる。

（3）プライシング（価格戦略）

　戦略的なプライシングによる価格設定は非常に重要である。何故なら、価格を低く設定し過ぎるとロード・ファクターは上昇するが、イールドは低下し十分な収入を得ることができない。逆に価格を高く設定し過ぎると、顧客に敬遠され空席が増えて十分な収入を得ることができない。

　価格設定同様、各運賃につける制約条件も非常に重要である。特別割引運賃は、それが大幅に売れすぎて普通運賃用の座席まで使ってしまわないよう制約をつける必要がある。そのためには、目的地での最低滞在日数の規定も有効である。これは、比較的旅行期間の短いビジネス旅客が、安い特別割引運賃を利用しにくくするためである。払い戻し不可の制約は、特別割引運賃の旅客からの収益を先に確保しておき、実質的なノーショーの割合を低下させるためである。

第5章　レベニュー・マネジメント―最強の経営理論

> **Key word**　"スピル"と"スタイフル"
> セルアップ方式では、通常低価格の運賃から航空券を販売していく。そして出発日が近づくにつれて、制約条件を緩和しながら運賃を上昇させていく。この際に、後に発生する高い運賃の旅客の予約量を読み間違い低価格の旅客の予約を取り過ぎると、より高い運賃の旅客の予約を取り切れないことになる。このことを"スピル"という。逆に後で発生する高価格の予約量を多めに見誤ってしまうと最終的に空席を増やしてしまう。このことは"スタイフル"という。

5．AI（人工知能）によって新しいフェーズへ

　航空会社は競争環境の変化とともに運賃の種類は増加傾向にあり、さらに複雑化が進展している。よって、このような現状を前提にレベニュー・マネジメントを行う必要があるが、従来からの自社独自の予約管理システムで対応するには限界があり、多くの航空会社が新しいシステムを導入しつつある。

　その新システム導入の事例の一つが、JALの"アルテア"（Altea）である。JALは、2017年11月にAIを使った新しい旅客システムを導入したが、この新しいシステムは、世界の航空業界で高いシェアを持つGDSアマデウス（Amadeus）のアルテアという旅客サービスシステムで航空会社のレベニュー・マネジメントに大きく貢献している。アルテア導入のおかげで、JALの2018年第一四半期の座席利用率は9％増加した。輸送能力の指標であるASK（Key Word参照）は前年比7％増加であるが、座席利用率はそれを上回って伸びた。JALの新システム投資額は800億円、5年償却のため年間160億円の減価償却費が発生するが、新システムによる売り上げの伸びは、この減価償却費を上回ると想定されている[3]。

> **Key word**　アマデウス（Amadeus）"アルテア"
> スペインに本社があるアマデウスITグループのGDSである。アマデウスITグループのビジネスは流通システムとITソリューション事業の二つを中心に構成されている。アマデウスは三大GDSの一つで、ITソリューション事業の領域を通じて、予

3）2018年9月1日、『日本経済新聞』朝刊より引用。

約、在庫管理、出発制御などのプロセスを自動化している。ITソリューション事業の主力商品は「アマデウスアルテア顧客管理システム」（単にアルテアとも呼ばれる）で、航空会社の販売、予約、在庫管理、出発制御に対処するソフトウェアである。各航空会社独自のITシステムとは異なり、アルテアは、業界共通のソフトウェアであるため、航空会社はIT業務をアウトソースしていることになる。よって、アライアンスと個別提携パートナーの両方で情報を共有することができる。

Key word　ASK, RPK

ASK（Available Seat Kilometers、有効座席キロメートル）は、航空機における旅客輸送力の指標である。つまりどれだけの販売可能な座席があり、それをどの程度の距離運航できるかを示している。単に座席キロと言われる場合もある。RPK（Revenue Passenger Kilometers、有償旅客キロメートル）は、どれだけの有償旅客をどれだけの距離運んだかを表す。単に旅客キロと言われる場合もある。ASK、RPKは下記のような計算式で求められる。

　　ASK＝座席数×輸送距離（キロ）　　RPK＝有償旅客数×輸送距離（キロ）

■事例研究　アルテアによるO＆D（Origin and Destination）管理

アルテアなど新システム導入のメリットは、路線の収益最大化である。JALは長年独自のシステム「JALCOM」を使用していたが、膨大な情報量の管理には限界があり、アルテアの導入で、国内線、国際線の予約、発券、搭乗などの各システムを一元化することができた。最新の外部システムを利用することでコスト削減を実現すると同時に、市場の変化、また各国航空会社の運賃の変化などをリアルタイムで反映し、顧客に最適な運賃を提供することで収益性を高めることができる。

　航空会社にとって出発地（Origin）から目的地（Destination）までの路線収益の最大化は非常に重要な課題であるが、従来のシステムは、"区間ごとの管理"であった。図5-11の国内のA地点、あるいはB地点からの移動で考えてみよう。仮に、国内A地点―シカゴの料金が、国内B地点―シカゴの料金よりも高いとしよう。（現実に、航空運賃は単純に距離に比例するわけではなく、需要の多い空港から成田への料金は、需要の少ない空港から成田への料金より割高である）従来の"区間ごとの管理"予約方式であれば、国内B地点からシカゴへのフライトの予約が先に入ってしまうと、国内A地点からシカゴへの旅客の予約をとった方が航空会社にとっては大きな収益を見込めるにもかかわらず、その旅客の予約は空席待ちになり他社に流れてし

第5章　レベニュー・マネジメント──最強の経営理論

図5-11　アルテアによるO&D（Origin and Destination）管理

まう。

　一方、アルテアであれば、予約管理は、出発地（Origin）から目的地（Destination）までの路線収益の最大化を目指しているため、国内A地点からの旅客の予約が、国内B地点からの予約より優先して確保されることになり、結果として収益増につながる。その手法は、アルテアの「見込み利益」の設定機能である。つまり、収益が高い地点からのフライトを基準に「見込み利益」を設定し、それを下回る収益しか得られない地点からの予約に対してはキャンセル待ちの表示をするのである。この「見込み利益」の設定は、毎日予約実績などに応じてAIが更新することで、高い収益の予約が見込めない場合は、収益の見込みが小さい予約も確保することが可能になる。つまり、図において国内A地点からの旅客の予約だけで満席にならないと判断される状況になれば、国内B地点からの予約は確保される。

主な参考・引用文献

長谷川通（1995）『国際航空運賃の経済学』中央書院。

Lohmann. W. M.（2011）*Strategy in Seat Inventory Control: An empirical research at KLM on improving initial steering strategies*, University of Twente.

Mcgill. J. I and Ryzin, G. J. V.（1999）*Revenue Management: Research Overview and Prospects*, Transportation Science, Vol.33, No.2

第6章　アライアンスからジョイントベンチャーへ

1．ジョイントベンチャーとは何か？

（1）ジョイントベンチャーと独占禁止法適用除外

　ジョイントベンチャー（Joint Venture、ジョイントビジネス、共同事業などとも呼ばれる。以下 JV）は複数の航空会社が企業間提携を実施し、価格調整、供給調整、共同販売、流通政策の統一など、航空会社としての営業活動の大部分を一体的に行うものである。航空会社間の提携は、アライアンス（多数の航空会社が参加し包括的な提携によって形成された航空会社の連合体。グローバル・アライアンスとも言われる）、あるいは比較的シンプルな二社間の提携など様々な形態が存在するが、JV は単なる提携を超えて、あたかも経営統合が行われたような方式で営業活動を行う。JV においては、参加企業によって事前に合意した基準によって、その成果（収入を配分する場合と利益を配分する方式がある）を配分する。

　このような緊密な提携は、本来、独占禁止法に抵触するが独占禁止法適用除外（ATI, Anti-Trust Immunity）が関係国政府に承認されることで実現する。例えば、日本政府は、2010年10月にアメリカ政府とオープンスカイ協定を締結し、運賃や座席供給量の制約を大幅に緩和した。その後オープンスカイ政策を拡大し2018年の段階で、33の国や地域とオープンスカイ協定を締結している。これらオープンスカイ協定の締結を受けて、太平洋線では、2010年に JAL とアメリカン、また ANA とユナイテッドが ATI の申請を行った。また、ヨーロッパ線においては、2012年に、JAL と英国航空、ANA とルフトハンザが ATI の申請を行った。これらの ATI 申請は政府に認可され JV を開始している。

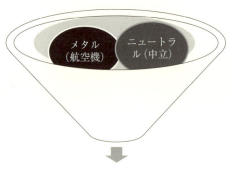

図 6-1　メタルニュートラルの概念図

　JV は1992年に、独占禁止法適用除外を承認された KLM オランダ航空とノースウエストの提携が最初とされている。そして、2007年に合意に達し、翌年正式に発効したアメリカ＝ EU 間の包括的オープンスカイ協定が契機となり、大西洋路線における JV が一気に拡大した。

■事例研究　ATI 無しには実施できない提携プログラム
　航空会社間の提携において、ATI 無しには、共同販売、ダイヤ調整、価格調整、予約席の在庫管理、流通政策などは実施できない。逆に言えば、ATI が承認されていない提携は営業分野における限定的な提携であると言える。

(2)「メタルニュートラル原則」と公正な成果配分

　現在運用されている ATI を伴う JV は、2007年にアメリカ政府が認可したスカイチーム（3大アライアンスの一つ）による大西洋 JV を基本モデルにするものが多い。これは、消費者の十分な利便性向上を実現するもので、「メタルニュートラル原則」を ATI に基づく JV 認可の事実上の必須要件としている（図 6-1）。
　「メタル（航空機）ニュートラル（中立）原則」とはアメリカ運輸省が使い始めた用語で、従来の提携に比べると格段に統合が進み、JV を実施する航空会社は、いずれのメタル（航空機）によって運航するかは問題ではなく、どの航空会

社の航空機を使用して該当区間を運航しようが、各航空会社が最終的に受け取る収入には一切影響を与えないことを意味している。JV による運航は、統合した一つの航空会社の運航であるがごとく運用されるのである。「メタルニュートラル原則」が完全に実現すれば、JV 内の航空会社間の競争関係は消滅し、他の競合する JV との競争に集中することになる。太平洋路線で考えれば、JAL とアメリカンの間の競争は無くなり、競合路線のある ANA ＝ユナイテッドとの競争だけが残ることになる。

■事例研究　どうサービスレベルを合わせるか

　JV の本来的な特性から言えば、提携をする各航空会社のサービスに大きな違いがない方が良い。何故なら、極端なサービス品質の違いがあれば、公正な成果配分をする際に問題になるからである。一般的に言えば、JAL や ANA など日本の航空会社は、米国の航空会社に比較し座席の配置に余裕がある。要はアメリカの航空会社の方が、同じ機種であっても座席を多めに配置するため座席間隔が狭いのである。この座席の配置も含め、一般的にサービスレベルの高い日本の航空会社と外国社が成果を折半すると、よりサービスの良い日本の航空会社が不利益を被ることになる。JV は、資源の有効活用との観点からは良い仕組みではあるものの、企業としての最終決算は各企業の問題であり公正な成果配分をするためには課題がある。

２．なぜ提携が必要なのか？

　航空会社が、その企業独自のネットワークで独立したビジネスを行うのではなく、JV、アライアンス、二社間で提携を行うのは何故であろうか。その理由は以下のようなことが考えられる。

❶航空ネットワークの効率的運営
❷航空輸送のコスト削減
❸多様化する消費者ニーズへの対応

　たとえ大規模な航空会社であっても、その航空会社の所有する航空機、人員、施設だけを使っての運航サービスで、市場の多様なニーズに対応するのは効率的ではない。例えば、海外に路線展開をしている航空会社が海外の空港での仕事を

図6-2　航空旅客の移動モデル

全員自社の社員で行い、旅客が利用する空港ラウンジも全て自社専用のものを設置した場合を考えてみよう。海外の空港での自社便の発着は、その航空会社の自国本拠地に比べれば、少なく、全て自社の資源（人員、施設など）で対応するのではなく、その国の航空会社と提携し、その航空会社の資源を利用する方式がはるかに効率的でコスト削減を実現できる。

　次に、航空機利用者のスムーズな乗り継ぎの視点から考えてみよう。図6-2は、ある地域のハブ空港（各地域の代表的な大規模空港）Aと別の地域のハブ空港の間の移動を図式化したものである。例えば、Aを成田、Bをシカゴとすると、c、d、eは、成田経由で米国へ移動する東アジアの都市、f、g、hは、シカゴから先の北米等の都市が該当する。

　それでは、成田―シカゴ路線において、成田で搭乗しシカゴで降りる、つまり成田とシカゴの間だけを利用する旅客はどの程度いるのであろうか。最近の平均的な数字では、成田―シカゴ路線の全旅客の約20%である。それでは、それ以外の約80%の旅客は、どのような移動を行っているのであろうか。航空ネットワークにおける移動は下記の4パターンである。（ローカル、ビヨンド、ビハインド、ブリッジは、航空ネットワークにおける専門用語）

①ローカル　　A→Bのみ利用
②ビヨンド　　A→Bを利用し、乗り継ぎで先の都市（f、g、hなど）に移動
③ビハインド　他都市（c、d、eなど）からAまで移動し、乗り継ぎでA→B利用
④ブリッジ　　他都市からAまで移動、A→B利用後、さらに先の都市まで移動

第6章　アライアンスからジョイントベンチャーへ

図6-3　提携モデルの発展

このように大多数の旅客は乗り継ぎ旅客である。乗り継ぎ旅客の利便性を向上するためには、空港で長時間待たなくても良いように、自社便と乗り継ぎ便のスケジュール調整を行うことが重要で、スケジュール調整に応じてくれる提携先が必要なのである。

3．提携モデルの発展

グローバル化の進展とともに前節で述べたように、提携のメリットを求めて、図6-3が示すように提携モデルが発展している。それらの提携モデルの概要は下記の通りである。

インターライン

他社のフライトも含め自社航空券で発券し、複数の航空会社にまたがる運送を提供する。複数の航空会社の便を乗り継いで移動をする場合でも、各航空会社の航空券を別々に入手する必要がない。旅客は全行程の運賃を最初に搭乗する航空会社（イニシャル・キャリア）に支払い全行程を含んだ航空券を受け取る。

支払われた金額は、各航空会社に事前に決めた配分方式で配分される。

コードシェア

提携航空会社間で、お互いの運航便に提携先の航空会社の便名表示を認め、それを自社便として扱い、提携パートナーで共に座席の販売を行う。結果として、一つの便に複数の航空会社の便名を付与することになる。例えば、JALとアメリカンのコードシェア便であれば、JL ○○○便、AA ○○○便など複数の便名が空港の掲示ボードに表示される。（JL、AAは航空会社のコードで、JALとアメリカンを表す）コードシェアの主な目的は以下の通り。

・座席の効率的販売

105

・自社便を使わないでネットワーク拡大

アライアンス

　グローバル・アライアンス、航空連合などとも呼ばれ多数の航空会社の連合体である。提携を通して、下記のような様々な航空サービスを共通化することが可能になる。

- ・スルーチェックイン
  経由地で航空便を乗り継ぐ場合、最初のチェックインで乗り継ぎ便のチェックインも済ませることができる。航空会社に預ける荷物も目的地まで輸送される。
- ・マイレージプログラム
  提携航空会社でマイレージの積算可、かつマイル特典利用可
- ・空港ラウンジなどの共同施設利用
- ・共同で販売促進
- ・機内サービス用品、航空燃料などの共同購入
- ・提携会社内で相互に安全監査を実施

JV

　第1節で解説の通り、アライアンスがより深化した提携モデルである。運航スケジュールの改善、運賃低減等旅客の利便性向上実現を前提条件として、例外的に各国の独占禁止法適用除外を認められている。路線、便数、時間帯の調整、共同運賃などの設定を、JV全体の収入最大化のために行い、各社の収入を一旦プールし、所定のルールに基づいて各社に配分する。

経営統合

　提携関係が進展すると、他の産業のように合併、経営統合に進む可能性がある。ただし、国の安全保障に直接関わる航空事業は、外資規制などの制約があり、国を超えての経営統合は容易ではない現在、国境を越えて経営統合が行われているのは、政治、経済の統合を目指しているEU内における、①エアフランス＝KLMオランダ航空、②ブリティッシュ・エアウェイズ＝スペインのイベリア航空＝アイルランドのエアリンガス、③ルフトハンザドイツ航空＝スイス・インタ

第6章　アライアンスからジョイントベンチャーへ

表6-1　3大アライアンスの概要

	ワンワールド	スターアライアンス	スカイチーム
主要メンバーと加盟航空会社数	JAL、アメリカン航空、英国航空、キャセイパシフィック航空、カンタス航空、LANTAM航空など13社	ANA、ルフトハンザ航空、シンガポール航空、ユナイテッド航空、エア・カナダ、中国国際航空など27社	エアフランス、KLMオランダ航空、デルタ航空、大韓航空、中国東方航空、中国南方航空など20社
輸送実績（2017年）単位：百万人km	1,259,008	1,729,714	1,481,033

出所：IATA, World Air Transport Statistics

ナショナル＝オーストリア航空などがある。

4．グローバル・アライアンス成立

　1990年代後半、世界の航空会社間で様々な提携の動きが活発化したが、そのきっかけは、グローバル市場における競争激化がもたらした航空産業の財政悪化であった。国際的な提携により外国航空会社の生産資源を利用し、ほとんど追加的コストをかけることなしに大きな市場を手に入れることができることが提携の目的であった。さらに、それを多数の航空会社による包括的な提携によって形成された連合体がグローバル・アライアンスである。1997年に、ユナイテッド、ルフトハンザなどがスターアライアンスを、1999年には英国航空、アメリカンなどがワンワールドを、2000年にはデルタ、エアフランスなどがスカイチームを結成した。3大アライアンスの概要は表6-1の通りである。

主な参考・引用文献
水野徹「独占禁止法適用除外を受けた航空会社間の提携とその効果」、明海大学ホスピタリティツーリズム学部紀要 *Journal of Hospitality and Tourism* Vol.14、No.1、2018年。

第7章　規制緩和とオープンスカイ政策

1."オープンスカイ政策"の起点は1943年

（1）米国の国際航空政策

　1978年の航空規制緩和法によって開始された米国の規制緩和政策の方向性は国際航空分野にも適用され、それは"オープンスカイ政策"と呼ばれている。米国は戦後の国際航空市場で主導的な役割を担うため、早い段階から国際市場における航空の自由化を求める考え方は存在したが、1970年代までは、シカゴ体制からの規制の枠組みはほとんど変化せず、米国の大手航空会社であっても限定された範囲での競争に甘んじていた。米国の姿勢に変化がおきたのは1970年代後半のカーター大統領の時代であった。それまでの規制体制下で米国航空会社の市場シェアは低下傾向にあった。1977年までに、米国企業は大西洋市場で最大でも40％、路線によっては20％以下の市場シェアしか確保していなかった。カーター政権は米国内の航空産業からの圧力を受けて、オープンスカイ政策推進に乗り出したが、これにより多くの米国企業の利権拡大を実現できると考えたのである。1980年２月に米国で制定された国際航空輸送競争法（International Air Transportation Competition Act of 1979）には、米国の国際航空の目標が示されているが、その主なものは以下の通りである。

・米国企業の競争力強化
・市場動向に迅速に対応するため米国企業の複数社乗入れとその権益の最大化
・国内・国際航空輸送の統合
・着陸料をはじめとして米国企業が国際輸送で直面する差別や不公平な競争慣行の排除

(2) オープンスカイ政策（Open Skies policy）とは何か？

　オープンスカイ政策（Open Skies policy）は、米国が唱える航空の自由化政策である。米国の目指す国際航空の自由化政策の原点は、第二次世界大戦中にあり、連合国側の勝利が確実になった1943年の米国議会において、既に"オープンスカイ政策"（Open Skies policy）について活発な議論が行われていた。下記文献が示す通り、1943年時点では、議会、航空関係者の間では周知の米国の国際航空における基本戦略であったが、（下記文章にある"what was popularly known as the Open Skies policy"）今日に至るまで、米国の国際航空の基本政策となっている。1943年には、第二次世界大戦での勝利を確信していた米国は、戦後の国際航空の主導的な立場確保のための政策構築の準備を開始していた。R.E.G Davies の"Airlines of the United States since 1914"では以下の文章で、その時の状況を示している。文章の中に登場するクレア・ブース・ルース議員（1903-1987）は、下院議員のみならず、編集者、劇作家、イタリア大使も務めた当時の著名な人物で、1943年2月9日、議会でオープンスカイ政策を推進する演説を行っている（尚、彼女の二度目の結婚相手は、雑誌のタイム、フォーチュン、ライフを創刊し、米国の国際政治に極めて大きな影響を与え、"メディア王"と呼ばれたヘンリー・ルースであった）。

"Airlines of the United States since 1914"（1972, p.363）の記述：
Conscious of its strength as the world's leading supplier of civil airliners and easily the world's biggest civil aviation power, the United States tended to adopt what was popularly known as the **Open Skies policy**. This was vigorously promoted by some politicians, notably Representative Clare Booth Luce who, in a speech in Congress on 9 February, 1943, advocated American dominance in the air, and took exception to what she suspected were British intentions to keep Pan American Airways from flying where Juan Trippe wanted it to when the war was over.
Mr L. Welch Pogue, the chairman of the Civil Aeronautics Board, took a more moderate view. In a notable speech at Minneapolis on 9 April, 1943, he said: 'It would be the height of naivete to contend that the United States desire an open

sky primarily to improve the welfare of mankind. By the same token it would be unfair to contend that the refusal of Great Britain or any other nation to conform to our views is necessarily reprehensible. Once again we are confronted with an attempt to rationalize an international problem on the notably fallacious and dangerous theory that since the **open sky** principle would conform to the requirements of the United States, it would be acceptable to the rest of the world – regardless of any political or economic incompatibilities that may exist.'
（注）Juan Trippe は、パンアメリカン航空の CEO

1943年11月11日に、ルーズベルト大統領はホワイトハウスで民間航空に関する会議を開催し、戦後の航空政策について米国の方針を宣言した。当時、米国は戦後の"航空市場における一人勝ち"が想定される状況で、大統領は戦後の米国の国際市場における航空政策の基本政策となる"オープンスカイ政策"を核として、国会議員や民間航空委員会などから多数のレポートや提案書を受け取っていた。大統領は、これらを総合的に勘案し、この政策会議で方針を定めた。その内容は下記の通りである。
①枢軸国（日本、ドイツなど。イタリアは後に枢軸国から離脱）は、戦後の航空輸送に参加させない。
②全ての国は、自国の国内線を管理する。
③パンアメリカン航空は、国際航空において上位の立場にあるが、独占する権利はない。
④米国の国際線運航会社は、各社、指定された領域で運航を行う。
⑤政府は、航空会社の株を所有しない。
⑥航空会社への補助金は、社会的、政治的な理由から必要な場合は、正当化される。
⑦他国の国内線を除いて、国際線における外国での自由な離着陸の権利は、相互に承認されるべきである。

Key word ポーグ民間航空委員会委員長
　上述のポーグ氏（1899-2003）は、米国中部のアイオア州出身で、ニューヨークの弁護士事務所で航空専門の弁護士として頭角を現し、その後、民間航空委員会の委

員長を務めた。委員長としてルーズベルト大統領の信任も厚く、1944年のシカゴ会議では、米国の次席代表としてバーリ教授（米国の法律学者で、戦後の国際航空システムの基礎を築いた人物。第11章参照）を援ける地位にいた。バーリ氏もポーグ氏も「オープンスカイ」の支持者であったが、目指す世界は少し違っていた。バーリ氏は、国際航空の分野において「一つの世界でのオープンスカイ」を描く理想主義者、ポーグ氏は、現実主義者で、まずは、「二国間でのオープンスカイ」を想定していた。ポーグ氏は、オープンスカイを支持していながらも現実主義者らしく、「オープンスカイは、人類社会に貢献するものだと米国は考えているとしても、英国、その他の国が米国の考えを受け入れないことを批難すべきではない」との主旨の演説を1943年4月9日に、ミネアポリスで行っている（上記英文）。

オープンスカイ政策は、比較的長い歴史を経て発展してきた。ウィキペディア（英文）の記述は、下記の通りである。米国のオープンスカイ政策の起源は、第二次世界大戦中にあり、1979年に自由化協定を開始し1982年の段階で23の国と締結している。本書でその起点や、その後の時系列的な進展を強調するのは、大戦中、そして戦後から今日に至るまでの世界の航空政策を正しく理解するためである。第二次世界大戦を経て航空機は目覚ましい発展を遂げた。米国の戦後の最重要課題は、世界市場で重要性が急速に高まる航空分野で優位な立場を占めることであった。この歴史の流れを理解しておくことは、戦後の航空産業を理解する上で重要である。

Open skies is an international policy concept that calls for the liberalization of the rules and regulations of the international aviation industry—especially commercial aviation—in order to create a free-market environment for the airline industry. Its primary objectives are:
- to liberalize the rules for international aviation markets and minimize government intervention as it applies to passenger, all-cargo, and combination air transportation as well as scheduled and charter services; and
- to adjust the regime under which military and other state-based flights may be permitted.

For **open skies** to become effective, a bilateral (and sometimes multilateral)

第 7 章　規制緩和とオープンスカイ政策

Air Transport Agreement must be concluded between two or more nations. (中略) Since World War II, most states have invested national pride in the creation and defense of airlines (sometimes called *flag carriers or legacy airlines*). Air transportation differs from many other forms of commerce, not only because it has a major international component, but also because many of these airlines were wholly or partly government owned. Thus, as international competition grew, various degrees of protectionism were imposed. (中略) The United States began pursuing Open Skies agreements in 1979, and, by 1982 it had signed twenty-three bilateral air service agreements worldwide, mainly with smaller nations. That was followed in the 1990s by agreements with individual European states.

　第2章で解説の通り、第二次世界大戦後、世界は1944年のシカゴ会議（大戦中に開催）によって生まれた国際民間航空機関（ICAO, International Civil Aviation Organization）と新しい国際民間航空条約のもとに航空輸送の新時代を迎え、世界の航空輸送事業は爆発的に発展した。これは主としてアメリカにおける輸送量が急増したためであるが、そのアメリカでは大小数十社が航空事業の黄金時代を迎えようとしていた。1945～50年の期間は、アメリカの航空輸送にとって未曽有の繁栄への入り口であった。

■事例研究　クレア・ルースとヘンリー・ルース
　"オープンスカイ政策"について調べていた時に、"Airlines of the United States since 1914"を図書館で見つけた。この文献の中に、"オープンスカイ政策"促進を1943年の米国議会で唱えたクレア・ブース・ルース（Clare Boothe Luce）にたどり着いた。クレアの二度目の結婚相手ヘンリー・ロビンソン・ルース（Henry Robinson Luce, 1898-1967）は、筆者が、20年以上前に注目した人物であった。
　ヘンリー・ルースは、23歳でタイム社を創設、時事週刊誌としてのタイム、写真月刊誌としてのライフ、経営誌としてのフォーチュンを生み出した。その後タイム・ライフ社は、ワーナー・コミュニケーションズと合併しさらに発展を続けた。ジャーナリズムの世界で、誰からも「ヘンリー」と呼ばれ一目も二目もおかれたヘンリー・ルースは、第二次世界大戦前から1967年に死去するまで、終始、親中国派の大

物として存在してきたが、クレアと結婚したのは1935年であった。ルースは、一代で米国を代表する巨大メディア帝国を築き上げ、常に米国のグローバルな使命を信じ、そのためのジャーナリズムの役割を意識続けていた。クレアが、1943年の議会で、米国の航空におけるグローバルな使命を信じ、"オープンスカイ"を力強く唱えたのは、ルースがクレアに影響を与えた結果なのであろう。余談だが、20世紀の3人の巨人、経営論の先駆者P・F・ドラッカー、脱工業社会論のダニエル・ベル、未来学者アルビン・トフラーもヘンリー指揮下のフォーチュンの編集に携わっていた。

（3）オープンスカイ政策の拡大戦略

オープンスカイ政策を掲げた米国は、欧州、特に航空需要の大きいイギリスと自由化協定を締結することを目指していた。しかし、イギリスは米国の国際戦略を十分理解しており、オープンスカイ政策受入は自国産業に不利であることは明らかであったため、米英の自由化交渉は合意に至らなかった。この状況を打開し、イギリスとの交渉を有利に進めるため、米国は最初オランダなど他の国との交渉を先行させる戦略をとり、1970年代の終わりからオランダ、西ドイツ、ベルギーと自由化協定を締結した。これは欧州市場進出の最大の目的地であったイギリスに圧力をかけるための米国の戦略的な布石で、オランダが米国と自由化協定を締結し、米国＝オランダ間で自由な価格設定が可能になれば、オランダへ低運賃貨客が大量に流入し、イギリスの航空輸送を脅かすことができると考えたのであった。オランダは小国で自国需要が乏しく伝統的に中継貿易で経済が成立している国内事情から、他国に先んじて米国との自由化協定を締結することになった。米国は、最初からイギリス市場を征服することは容易ではないため、欧州市場においてターゲットにしたイギリスと征服が容易なオランダ等を分断し、欧州市場全体の征服を目論んだのである。

米国は、戦後世界の航空市場での主導的な立場を追い求めていたが、強大な米国の航空会社を脅威と考える多くの国は、自由化に消極的であったため、米国が望む自由化協定締結は段階的に進めざるを得なかった。1990年代に入り、乗り入れ地点や運賃において、より自由度の高いオープンスカイ協定締結が実現し、2000年までに、35カ国と新しい協定を締結した。我が国と米国との航空協定は、戦後の典型的な不平等条約であり、長年我が国航空産業を苦しめたが、2010年10

月25日に以下の内容で新たに「日米オープンスカイ協定」が締結された。

■事例研究　日米オープンスカイ協定概要
路線：自国内地点、中間地点、相手国内地点及び以遠地点（相手国より先の地点）のいずれについても制限なく自由にルートを設定できる。
便数：制限無し
参入企業数：制限無し
コードシェア等：同一国、相手国、第三国の航空会社とコードシェア等の企業間協力が可能。コードシェアとは、一つの定期便に複数の航空会社の便名を付与して運航すること。
運賃：差別的運賃を除き、企業の営業上の判断を最大限尊重する。
（参考）日米オープンスカイ協定締結に合わせて同一のアライアンスに属する日米双方の航空会社が独占禁止法適用除外（ATI, Anti-trust Immunity）を取得することが可能となった。これによって第6章で解説したJV（ジョイントベンチャー）へと発展していった。

2．米国の規制緩和

　米国では、1938年に政府による規制を目的とする民間航空法（Civil Aeronautics Act of 1938）が成立、規制機関として民間航空委員会（CAB: Civil Aeronautics Board）が設立された。初期の民間航空の主要事業は、旅客輸送ではなく郵便輸送であった。民間航空法は、航空事業、特に航空郵便事業支援と航空という幼稚産業振興が主目的であった。この時期は大恐慌期で自由な企業活動より、政府の管理に信頼がおかれていたことが法律成立の背景にあった。よって市場への新たな参入は、既存事業者保護の観点から規制され、航空運賃や路線設定に関しても競争が制限されることになった。民間航空法は、航空の安全性も現代と大きく異なる時代において、過度な競争は企業、投資家、利用者に不利益をもたらすとの考え方に基づいている。公的規制の理論的根拠は以下の通りである。
　①独占の弊害排除　②破滅的競争回避　③外部性（航空機による騒音問題など）への配慮　④国家統一の保全と促進　⑤マクロ経済政策　⑥社会経済的目標（安全性、交通弱者の移動可能性の確保）

規制時代に主要都市に乗り入れる権利を有する国内幹線企業（Domestic Trunk Carrier）は、1978年航空規制緩和法制定時で、ユナイテッド航空、アメリカン航空、デルタ航空、イースタン航空、トランスワールド航空、ウエスタン航空、コンチネンタル航空、ブラニフ航空、ナショナル航空、ノースウエスト航空の10社、幹線企業以外で運航を許されたのは、州内航空会社やローカル都市を結ぶコミューター企業などより小規模な航空会社であった。

1960年代に入ると米国の多くの経済学者は、規制のメリットよりも自由競争によるメリットを優先させるべきだと主張しはじめた。規制緩和で競争的な環境が整備され、消費者は運賃の低下や多様な航空サービスを享受できると考えたのである。このような時代の変化で、1978年に航空規制緩和法（Airline Deregulation Act of 1978）が成立した。これにより、新規参入、航空運賃、路線設定に関する規制も段階的に緩和され、規制を管理していた政府機関（CAB）も廃止された。規制緩和法が成立した1978年には、州を越えて運航することができる州際定期航空企業の数は36社であったが、その後30年間で約300社が新規参入し約200社が倒産、統合などで消滅している。規制緩和により、州際定期旅客市場に新規参入した航空会社は次の4グループである。

①州内航空会社　②チャーター専門航空会社　③コミューター企業　④新規航空会社

規制緩和法成立後、その成果は多くの研究者により検証されたが、その評価は以下の通りである。

プラス面：
・航空運賃の低下
　航空運賃の低下は、規制緩和によるものか、その他の要因（技術革新、大型化など）によるものかの判断は厳密には困難である。
・サービスの多様化
　多様な割引運賃、LCC登場など航空サービスの多様化が進展した。
・生産性の上昇
　規制緩和以前の座席利用率は55％未満であったが、規制緩和後、座席利用率は順次上昇を続け、今日では80％台に到達している。

マイナス面：
・航空会社の経営の不安定化
  新規参入のうちの多くの航空会社が経営破綻などで消滅した。
・供給能力の低下
  低密度市場では、減便あるいは路線が廃止され供給能力が低下した。（下記EASプログラム導入）
・労働者の賃金低下など労働環境の悪化
  競争激化により従業員の給与は大幅に低下した。

Key word EAS（Essential Air Serivice：必須航空サービス）プログラム[1]

米国の地方都市間など低需要市場における航空路線維持のための公的援助プログラム。従来からローカル路線を運航する航空会社への補助金制度は存在したが、1978年の航空規制緩和法成立を機に当プログラムは連邦航空法419条として新たに導入され、現在は米国運輸省により管理されている。EASプログラムは当初10年間の時限規定が存在したが、現在でも継続されている。

3．欧州の自由化

EUでは、EU域内に限定されるものの米国を上回る完全自由化が実現している。EUにおいては、EU加盟国による包括的な多国間協定として、EUがあたかもひとつの国であるように単一航空市場を目指す方向で進んだ。欧州における自由化は、1988年発効の第一次パッケージから1993年発効の第三次パッケージまで3段階で進展し最終的には1997年4月に完結した。その内容は以下の通りであるが、域内の多国間での運賃・輸送力を含む完全自由化、カボタージュの解禁、加盟国の国籍条項撤廃、EU内に"EU航空会社"の設立を可能にしたことなどが主な特徴である。EU内において資本の移動も自由化されEU航空会社は、国籍に関係なく域内で自由に事業運営が可能である。

1）DOT（米国運輸省）資料より引用。

図7-1　カボタージュ（外国の国内線で運賃を収受し旅客・貨物を運送する権利）

国籍条項の撤廃

　EU域内航空会社の国籍条項は撤廃された。国籍条項とは、航空協定において、航空会社が特定の国籍を持つことを規定した条項である。国籍を持つとは、国の資本（政府、民間を問わず）により所有され、その国により適正に管理されていることである。従来の航空協定では、航空会社は国により指定され、その国の国籍を持つことが前提条件であった。国籍条項撤廃によりEU域内の企業や個人の域内航空会社への投資制限が撤廃された。（EU以外は、株式所有が49％までに制限されている。）

運輸権

　EU域内航空会社は域内の国際線に自由に参入可能である。1990年に発効した第二次パッケージでは、自国発の便による3国間輸送、例えば英国航空のロンドン（英）＝パリ（仏）＝ミラノ（伊）間の運航が許されていたが、3国間輸送は座席数の50％以内に制限されていた。第三次パッケージではこの座席数制限、さらに"自国発の便による"という条件も撤廃された。

カボタージュ

　EU域内航空会社は、EU域内でのカボタージュも認められた。カボタージュは、図7-1で示す通り、外国の国内線で運賃を収受し旅客、貨物を運送する権利である。シカゴ条約では、カボタージュ禁止規定があることから、カボタージュ解禁は大きな意味があった。第三次パッケージでは座席数の50％という条件付きで、EU域内航空会社は自国発の便の延長として相手国の国内区間を運航し当該国内区間の旅客を運送することが許された。例えば、英国航空がロンドン（英）＝パリ（仏）＝ニース（仏）間を運航し、フランス国内のパリ＝ニース間の旅客を運送することができる。そして、1997年4月に、"自国発の便であるこ

と"と "50％の運送量" の制限が取り除かれ完全に自由化された。

運賃

EU域内の航空会社は域内運賃を自由に設定できる。尚、加盟国政府は運賃が過度に高い場合や低い場合は干渉が可能である。航空会社が政府の干渉に不服であれば、EU委員会に提訴することができる。

■事例研究　Brexitの欧州航空会社への影響

Brexitの行方次第では、欧州の航空産業に大きな影響を及ぼすことになる。前述の通りEU内の自由化によって、「欧州単一の空」が実現しており、運賃設定や新規路線開設において政府の認可が不要な状況である。この自由化によってネットワークが拡大し、運賃も低下している。英国が離脱すれば、英国の航空会社はEU自由化の圏外となり、新たな航空協定締結が必要になる。現在英国内に本社のある航空会社もEU内の自由化のメリット享受のため、本社をEU内に移す可能性もある。

英国航空とスペインのイベリア航空が統合してできたIAG (International Airlines Group) の将来も不透明である。現在のルールに従えば、EU内で従来通り自由に運航するには、本社がEU内にあること、50％以上の株の所有者がEU加盟国に属している必要がある。このルールを満たすための調整の必要性が今後生じる可能性がある。

主な参考・引用文献

坂本昭雄（2003）『甦れ、日本の翼』有信堂高文社。
塩見英治（2006）『米国航空政策の研究』文眞堂。
寺島実郎（1993）『ふたつの「FORTUNE」—1936年の日米関係に何を学ぶか』ダイヤモンド社。
東京大学航空イノベーション研究会　鈴木真二・岡野まさ子（2012）『現代航空論　技術から産業・政策まで』東京大学出版会。
Davies, R. E. G. (1972) *Airlines of the United States since 1914*, Smithsonian Institute Press, Washington D.C.
Doganis, R. (2001) *The airline business in the 21st century*, Routledge、邦訳：塩見英治他（2003）『21世紀の航空ビジネス』中央経済社。

第8章　航空機製造産業

1．敵の敵は味方か？──ボーイング/エンブラエル vs. エアバス/ボンバルディア

　航空機製造産業、特に大型機、中型機は、米国のボーイングと欧州のエアバスが世界市場を二分する2強である。一方で小型の航空機市場ではカナダのボンバルディアとブラジルのエンブラエルがやはり世界市場の大部分を占める2強の時代が比較的長く続いていたが、エアバスはボンバルディアと、ボーイングはエンブラエルとの統合を進め、航空機メーカーの世界的再編が進展している（図8－1）。ボンバルディアは、以前から座席数100～150席クラスの旅客機「Cシリーズ」を開発していたが、100～150席クラスの旅客機市場は、1980年代後半からボーイングの737型機、エアバスのA320型機の2機種による熾烈なシェア争いが繰り広げられていた。

> **Key word**　ボンバルディアの「Cシリーズ」
> 　ボンバルディアが開発した小型機「Cシリーズ」の中の「CS－300」（後の「A220－300」）は座席数130、「CS－100」（後の「A220－100」）は座席数110である。

　ボンバルディアは100席以下のリージョナル旅客機「CRJ」で成功をおさめた実績はあるものの、100～150席クラスの市場でボーイング、エアバス2強の争いに割って入ることは容易なことではなかった。ボンバルディアは、2強に対抗するために改良を続け、軽量素材の活用で機体重量を同クラスのライバルであるボーイングやエアバスの機種より軽くすることに成功した（機体の重量を軽くできれば、燃料消費量は少なくて済む）。さらに、空気抵抗を受けにくい細い胴体、

図8-1　航空機メーカーの世界的再編

そして燃費性能の良いエンジンの採用で、より燃料消費量を少なくした。この改良された「Ｃシリーズ」に注目したエアバスは、「Ｃシリーズ」事業への参画を試みた。「Ｃシリーズ」開発においては、ボーイングからの提訴を受けていたボンバルディアは、「敵の敵は味方」、つまり、ボーイングの最大のライバルであるエアバスは「味方」だと考え、このエアバスの話に乗ることになった。

■事例研究　敵の敵は味方―ボーイングによるボンバルディアへの制裁
　ボンバルディアの「Ｃシリーズ」は、2016年に米国のデルタ航空から75機の注文を受けた。ボンバルディア「Ｃシリーズ」の米国への進出を脅威だと感じたボーイングは、ボンバルディアはカナダ政府の助成金を利用し不当に安い価格で販売したとして、ボンバルディアを訴えた。この訴えにより、ボンバルディアの「Ｃシリーズ」のアメリカ国内の販売は、高額の関税が課せられる可能性が浮上し、このことでボーイングとボンバルディアの関係は悪化していた。

　2017年10月に、ボンバルディアは「Ｃシリーズ」においてエアバスとの事業協力に合意することになった。「Ｃシリーズ」開発は、ボンバルディアとカナダ・ケベック州投資公社が共同で設立したCSALP（C Series Aircraft Limited Partnership）が行っているが、エアバスは、2018年6月にCSALPの株式50.01％を取得し、エアバスとボンバルディアの事業提携が成立した。この提携により、翌月、「Ｃシリーズ」は名称を変更した。（「C3300」は「A220-300」、「CS100」は「A220-100」と呼ばれるようになった）
　一方、ボーイングはエアバスとボンバルディアの動きに対抗するため、2018年7月にブラジルのエンブラエルと合弁会社を設立した。これは、実質的には、エ

ンブラエルの小型機「Eシリーズ」の買収で、世界の旅客機市場は、ほぼ「ボーイング+エンブラエル」と「エアバス+ボンバルディア」の2大企業グループに二分されることになった。

2．ボーイング、エアバス誕生

(1) ドイツ系移民縁のボーイング

　ボーイングを創立したウィリアム・ボーイング(1881-1956)は、デトロイトで生まれた。父親はドイツからの移民で鉱山技師、母親はオーストリア出身であった。エール大学で機械工学を学んでいたが、シアトルでの森林事業に興味を持ち大学を中退したウィリアム・ボーイングは、仲間とともに1916年にシアトルで航空機製造会社を設立した。社名はパシフィック・エアロプロダクツ、翌年にはボーイング・エアプレーンと改称した。(ボーイングの本社は2001年にシアトルからシカゴに移転) 会社設立後、積極的なM&Aを繰り返すなどビジネスを拡大し、機体製造、エンジン製造、プロペラ製造、さらに航空会社の運営も行い巨大な航空企業群に成長した。しかし、1934年にボーイング社(当時の社名は、ユナイテッドエアクラフト&トランスポート)の市場独占を問題視していた連邦政府は独占禁止法違反と判断したことで、企業は機体製造のボーイング・エアプレーン、機械製造のユナイテッド・エアクラフト・マニュファクチャリング、航空会社のユナイテッド航空の3社に分割された。

　第二次大戦後の米国の民間機製造は、ダグラス、ロッキード、ボーイングなどが競いあっていたが、ロッキードは、1981年に民間機事業から撤退、ダグラスは、1996年にボーイングに買収され、米国で大型旅客機メーカーはボーイングだけになり現在に至っている。

(2) EUの象徴エアバス

　エアバスは、欧州を代表する航空宇宙企業エアバスグループの100%子会社である。エアバスは、フランス、ドイツにより1970年12月18日に設立された。(イギリスは、エアバス設立直前に脱退、1978年に再度参加している。スペインは1972年に参加) 当時、世界の航空産業はアメリカが支配していた。欧州はその座を奪還することを目指し、欧州共同事業としての航空機開発構想を第二次世界大

戦の傷跡がまだ多く残っている1960年代から主要国で協議を重ねていた。1960年代の米国航空機メーカーの圧倒的な力は、軍事力とも合わさって米国による世界経済支配の象徴であり、欧州はこの状況を打開する方策を検討していた。(東アジアに置き換えれば、日本、中国、韓国などが60年代に、航空機共同開発を協議していたようなものである。)

　エアバスの技術は、ドイツの著名な航空技術者であったメッサーシュミットが設立した会社を通して、ドイツの技術が支えている。一方、世界市場で拮抗するライバル社ボーイングの技術の原点は、ドイツ系移民の息子が生み出したものである。ボーイング vs. エアバスは、米国と欧州の市場競争ではあるものの、両社の原点には、ともにドイツが関わっていることは興味深い。

　当時のヨーロッパは、日本人の感覚とは違うかもしれないが、強大な米国の侵攻により、政治や経済、さらに誇りまでが踏みにじられていると考えていた。ヨーロッパの人々は、ヨーロッパ社会で上手くいかなかった人たちが海を渡り、そこで創った国がアメリカだと考えている。日本では、何故か無条件に米国ブランドを歓迎する傾向がある。日本で歓迎されたディズニーやマクドナルドなどの米国ブランドが欧州進出時、必ずしも歓迎されなかったことが物語る通り、米国ブランドの受けとめ方は我が国と欧州では異なる。ヨーロッパで上手くいかなかった人々が、ヨーロッパに侵攻してくることに対して複雑な思いがあった。欧州が、この米国の強力な攻勢に唯一対抗できる手段は、欧州共同体を構築することで単一の国家意識を持ち、米国と同様に産業と政府が一体となって対抗するしかないと考えたのである。航空は、まさに米国が一番欲する最重要産業で、その対抗策として登場したのがエアバスであった。その意味ではエアバスは単なる製造会社ではなく、EUの政治そのものであった。

3．小型機市場拡大

(1) エアバス A380生産中止[1]

　2019年2月、エアバスは、「空飛ぶホテル」と言われた超大型旅客機A380の生産を中止し、2021年以降は納入しないと発表した。A380は総二階建てで最大

---

1)『日本経済新聞』2019年2月15日朝刊。

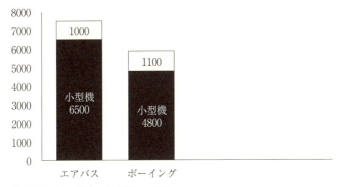

注：☐内の数字は中大型機受注残
出所：各社ウェブサイト

図8-2　エアバス、ボーイング社の受注残数（2018年末時点）

800席の世界最大の旅客機である。2018年末までに約230機を納入していたが、受注が伸び悩んでいた。ボーイングの大型機B747も最新型は貨物専用の受注が多く、世界の航空機市場は大型機（300席超）よりも小型機（100〜200席）、中型機（200〜300席）が中心の時代になっている。特に、急成長するLCC向けの小型機の市場が拡大している。

図8-2は、エアバス、ボーイングの受注残を示している。エアバスは受注残約7500機の内、約6500機が小型機（100〜200席）、ボーイングは約5900機の内、約4800機が小型機である。

尚、ボーイング、エアバス共に業績は好調で、2018年12月期決算では、ボーイングの売上高は前期比8％増の1011億ドル（約11兆円）、エアバスも売上高は前期比8％増の637億ユーロ（約8兆円）である。

（2）2037年までの市場予測

ボーイングは、旅客や貨物の輸送量がアジア太平洋地域を中心に伸び、2037年までに4万2730機以上の新しい航空機が必要になると予測している。機体の整備や乗務員の訓練といったサービス市場も含めると20年間で総額15兆ドル規模の需要が生まれることになる。

4．航空機製造産業の特殊性

　世界には様々な産業があるが、『航空宇宙ほど国家の力量を試される活動領域は他にない』と言われる。航空機製造産業は、最先端技術の集積であるだけでなく、技術や経済の領域を越え国際政治の領域にも大きく翼を伸ばしており、その国の力は航空機製造産業の力次第だと言っても過言ではない。その意味では、航空機製造産業は他の産業とは大きく異なる。軍備の多くを他国に依存している我が国の感覚ではわかりにくいが、航空機製造産業は航空輸送と一体であり、全体で国の安全保障を支えている。90年代のクリントン政権の大統領経済諮問委員会（CEA）委員長に就任したローラ・タイソン教授は、米国における戦略的管理貿易・通商政策の代表的提唱者として知られているが著書の中で、「航空機製造産業は、米国最大の輸出産業であり、商業用航空機製造産業は、アメリカの技術および市場支配の象徴である」と述べている。この米国最大の輸出産業は、政府の様々な政策手段を操作する"非常に見えやすい手"によって大きな影響を受けてきたのであった。

　1970年代から80年代にかけての米国産業の国際競争力の低下については米国内で大きな論争に発展した。この時代の米国製造業の危機は、主に日本など新興勢力の成長がもたらしたものである。航空機製造産業は米国最大の輸出産業であるが、MIT調査委員会の報告書『MADE IN AMERICA』による民間航空機製造産業についての状況分析は以下の通りである。

　「今日、民間航空機製造産業の市場に参入する企業は膨大な投資（20億〜40億ドル）と長期間（5〜6年間）に及ぶ資産の食いつぶし、および長期間（10〜14年）にわたる累積赤字に耐えなければならない。このような状況の下では、民間企業は、このマーケットに参入することは不可能である。にもかかわらず、ヨーロッパは、この市場への参入を決意し、イギリス、フランス、ドイツが各政府出資の航空機メーカーとしてエアバス・インダストリー社を設立した。その後、数年間に、何十億ドルという資金が投入されたのだが、収益計上の見込みは立っていない。だが、エアバスは、強力な競合会社に成長した。1986年のエアバスの新規受注は、アメリカのマクダネル・ダグラスの新規受注を上回り、さらに1987年現在、全新規受注の23パーセントを占めたのである。」

第8章　航空機製造産業

　米国の航空機製造産業は、その歴史の大半を通して政府の産業政策の恩恵をこうむってきた。その政策目標は主として軍事体制強化であったが、民間航空機市場へも多大な技術波及効果をもたらした。世界市場における米国企業の地位は、政府から軍に提供された資金で開発された設計技術、エンジン製造技術が基礎となっている。ローラ・タイソン教授は著書で以下のように解説している[2]。

　「なぜ政府は巨額の資金負担とリスクを引き受けてまで、商業用航空機製造業を育成しようとするのか？　それは、商業用航空機製造産業の持つ軍事的、経済的な戦略上の意味があるからだ。商業用航空機製造産業は、通常の軍事的な意味でも戦略的である。というのも、商業用部門と軍事部門の間で技術波及が生じるからである。（中略）軍事部門と商業用部門の相互補完性もまた存在する。両者とも好不況が循環するが、その景気循環は通常は別々に動いているからである。航空技術者と労働者を雇用し続けることができる商業用部門がなければ、これと独立して大幅な設備能力を要する軍事部門の維持費用をこれまで支えきれなかったであろう。主要な商業用航空機製造産業を誇る国家が、最大の武器販売を行っている民主的な国家であることはあながち偶然ではない。安全保障の懸念があればこそ、米国とヨーロッパは商業用航空機を生産し続けねばならないのである。」

　第二次世界大戦以降、世界における大型民間旅客機の製造はアメリカが独占的に支配し、80年代末においても世界市場の約4分の3を占めていたが、エアバスの挑戦が市場に重大な変化をもたらした。

■事例研究　スミソニアン航空宇宙博物館

　航空宇宙産業の重要性、さらにおもしろさを最も簡単に体感できる場所は、米国の首都ワシントンD.C.にある"スミソニアン航空宇宙博物館"（The National Air and Space Museum）である。ここには毎年約1000万人の入場者があり、世界で最も訪問者数の多い博物館である。米国には"鉄道"の博物館は無いに等しく、米国における航空と鉄道の地位の違いを物語っている。筆者はワシントンD.C.駐在時代も

---

2) Tyson, pp.234-237。一部繰り返されている部分は省略した。

含め十回以上訪れているが何度行っても飽きることはない。この博物館にはライト兄弟の世界初の動力飛行機フライヤー号、リンドバーグのスピリット・オブ・セントルイス、女性として初めて大西洋単独横断に成功したイアハートの赤のロッキード・ベガ、日本海軍のゼロ戦、世界で初めて音速を突破したベルX-1、史上初めて宇宙に到達したＶ２ロケット、アポロ11号宇宙船指令室、月の石、世界初の木星探査機パイオニア10号など大きなものだけでも100を超える時代を代表する航空機や宇宙船（ほぼ全てが実物）が22の広大な会場に展示されている。（空港にある別館には、200の航空機、135の宇宙船が展示されている）

　この博物館には、将来の航空宇宙の担い手である子供たちが航空宇宙に関する基礎科学を楽しみながら学習できる施設がある。航空宇宙の重要性を世界で最も強く認識している米国では、航空や宇宙の開拓者たちが残した歴史的遺産を多くの子供たちに触れさせることで、リンドバーグやイアハート、また宇宙開拓の先駆者たちが残した偉大な功績を引き継いでもらいたいと考えているのであろう。

５．航空機製造の特性と市場

（１）学習効果

　航空機製造産業は、自然独占に向かう傾向がある。ジェット機は、材料、推進、電気、空気力学、コンピューターなどの技術を組み合わせた何百万個の部品の集合体である。そしてジェット機における多くのシステムは非常に複雑で開発費の多くは部品を最適に統合するために費やされる。

　航空機の複雑な生産過程は、大きな学習効果（経験の累積により生産効率が向上すること）をもたらすことが特性の一つである。何千、何万もの作業は職人的な技巧が必要で数多くの航空機を製造するほどこれらの経験は蓄積され生産効率向上につながる。また、一種類の航空機だけを製造するよりは、ある機種で実現した学習効果は新たな機種においても有効に活用できるため、機種タイプを拡大するほど学習効果は拡大し機種当たりの開発コストは低下する。何故なら、異なる機種であっても共通の生産段階が多く、その部分で学習効果が発揮されるからである。よって、ボーイングやエアバスがそうであるように、ビジネスとして一度成功軌道に乗ることができれば、技術面や大多数の部品が共通する複数の機種展開を行ったとしても、機種当たりの開発費は単独機種開発よりも低く抑えられ

る。学習効果の拡大を有効活用した共通性のある機種群の開発はコスト面で有利であるが、顧客を自社に引きとめておくためにも有効である。航空会社がある航空機メーカーの機種群を使い続けることによって、パイロットや整備士の訓練費、補修、部品在庫などの費用を別の航空機メーカーの航空機を購入した時よりも節約することができる。

(2) ドミノ理論

航空機市場は「ドミノ理論」(「ドミノ理論」は、一国が共産主義化すれば、近隣諸国が次々に共産主義化するという東西冷戦期における国際政治理論) が適用される。一定数の販売に成功すると、さらに加速度的に販売を伸ばす構造にあるからである。多くの航空会社が購入する航空機は、高性能で安全な機材であることを現実に証明し人気機種は中古市場でも高く販売できる。また、海外で緊急に部品交換が必要な場合には、人気機種であれば他の航空会社もその航空機を所有している確率は高く、交換部品の一時的な貸し借りができ急場をしのぐことができる。

(3) 国際共同開発

航空機は自動車の100～200倍の部品で構成され、国家の安全保障にも直接つながる最先端技術を使った特別な超高額商品である。航空機製造分野への参入は巨大な資本の裏付けがないと困難で、特に大型機開発の初期投資は1兆円とも2兆円とも言われ、黒字化に必要な機数を販売できなければ大きな赤字を抱え込むことになり、販売に失敗すると巨大航空機メーカーでさえ経営危機に陥るリスクをかかえている。

航空機製造産業は、機体メーカーが国内外の数千社に及ぶ部品メーカーの仕事を指揮・統合している。機体メーカーは航空機を設計し、その全システムを統合し最終組み立て作業によって航空機を完成させ、その販売を行い、航空機の寿命である20～30年にわたって顧客へのサービスを提供する。尚、新型機の損益分岐点は、販売機数400～500機とされている。

近年、新機種開発に要するコストやリスク負担軽減のため、国境を越えて多くの企業が参画する国際共同開発が主流となっている。共同開発への参加メンバーは、その責任割合や分担内容によって、パートナー、サプライヤー、サブ・コン

トラクターと分類される。さらに、パートナーは全体の開発費を分担するリスク・アンド・レベニュー・シェアリング・パートナー（RSP）と特定の部分を担当するプログラム・パートナーに分類される。我が国の国際共同開発参加はボーイング B767型機（210～250席、開発開始1978年）が最初であった。開発費の15％を負担する方式で三菱重工業、川崎重工業、富士重工業、日本飛行機、新明和工業が参加した。B787型機では日本企業合計の分担割合は35％で、三菱重工業、川崎重工業、富士重工業、新明和工業がプログラム・パートナーとして参加している。同時に多くの日本企業がサプライヤーとして参画している。欧州のエアバスにおいては、A380型機に三菱重工業や富士重工業などの多くの日本企業が開発リスクを負担しないサブ・コントラクター、またはサプライヤーの立場で参画した。

（4）サプライヤーの課題

国際共同開発においては、最終完成品の全てを把握できる完成品メーカーと自社が供給する部分にしか関与できないサプライヤーでは立場が大きく異なる。完成機を作る事業とは、航空機を設計し、発注した部品、装備品及びエンジンを用いて航空機を組み立てるだけの事業ではない。設計、製造に加えて、顧客である航空会社のニーズや市場の先行きを把握し開発に反映させ、販売時のファイナンス、販売後のカスタマーサービス（プロダクトサポート、メインテナンス、運航支援、乗務員訓練等）を提供するソリューション事業でもある。完成機製造とは、このような広範囲のビジネス領域をカバーすることであり、サプライヤーとは将来の事業発展の可能性が大きく異なる。

■事例研究　スマイルカーブ

製品の最終組み立てを行うメーカーの利幅とサプライヤーのそれとは、通常大きく異なる。サプライヤーは、部品の原価に利益を加えてメーカーに供給するが、サプライヤーをどこにするかの決定権は、メーカーにあるため、サプライヤーの利幅は通常薄いものである。

この利幅の違いを"スマイルカーブ"（図8-3）で考えてみよう。スマイルカーブは、縦軸に利益率、横軸に企業の業務行程をとると、人が笑っているときの口の形に似ていることから、この曲線をスマイルカーブと呼んでいる。台湾エイサー社

第8章　航空機製造産業

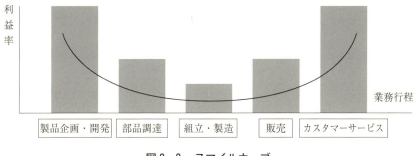

図8-3　スマイルカーブ

のCEOが最初に唱えたとされるスマイルカーブから、業務行程における前段階（製品企画・開発、部品調達）や後段階（販売、カスタマー・サービス）で大きな利益を上げることが理解できる。実際に、エアラインに販売後は、整備の受注などでも長く利益を得ることができる。一方サプライヤーは、業務行程における前段階や後段階とは無関係で大きな利益を上げることはできない。

6．最先端技術を外した"ツケ"が回っているのか？

　第2章で解説の通り、GHQ占領下の"7年間の航空禁止"により、我が国は戦前に造り上げた航空大国の座を降りることになった。戦後の我が国の技術立国は、産業界においても、大学など研究機関においても、航空機製造という最先端の技術領域を外さざるをえなかった状態で進められてきた。最も高い技術領域を外していれば、労働コストが安く人口ボーナス（生産年齢人口が多い状態）を享受できたキャッチアップ時代（欧米で生み出された技術を取り入れ改良していた時代）は国際競争力を維持できたとしても、"ツケ"が回ってくるのは時間の問題であった。航空機は高いソフトウエアの技術レベルが求められ、欧米の航空機開発には多くのソフトウエア技術者が従事している。我が国が相対的に弱いと言われる高度なソフトウエアの技術、ノウハウは欧米の航空宇宙産業から生み出されることが多い。米国における航空技術の知見が金融工学やITの急速な発展に寄与したと言われるが、航空技術はその国の産業にボディーブローのように効いてくるのである。

　我が国は、このように本格的な航空機製造を行うには厳しい状況にある。三菱

航空機は、2019年に入って戦略の見直しを行うことになった。現行の90席のMRJに加え、70席級の新機種を加え、両機の名前を「スペースジェット」に改める。90席モデルは型式証明（航空機の設計が安全性及び環境適合性の基準を満たしていることの証明）取得の最終段階にあり、2020年の納入を目指している。ホンダの小型ビジネスジェット機「ホンダジェット」は、2015年末に米連邦航空局（FAA）の認証を取得し事業化に成功している。ホンダジェットは、競合機であるセスナのサイテーションＭ２同様最大７人乗り、航続距離は2600km以上で東京から北京まで飛行できる。

■事例研究　世界が注目した1955年の英米逆転─プロジェクト・キャンセル

　かつて世界最大の航空会社パンアメリカンが英国デハビランド社のジェット旅客機コメットの購入を決めるなど、イギリスのジェット機の技術が米国を上回っていた時代があった。しかし、このようなイギリス航空機産業の成功は、アメリカの危機意識を呼び起こした。同時に、1953年から1954年にかけてBOAC（現在の英国航空の前身）が運航するコメット機の相次ぐ事故が、英国航空技術の信用失墜につながった。そして、イギリス製ジェット旅客機開発の後退を契機に、アメリカの航空会社のみならず欧州の航空会社も米国製ジェット旅客機を購入するようになった。このジェット旅客機製造の英米逆転は、軍用機の領域まで影響を及ぼすことになった。1965年、イギリス・ウィルソン労働党政権は、次期主力軍用機の自国開発を継続するか、米国機を購入するかの決断をせまられていたが、最終的には米国機購入に踏み切り、自国開発中止を決定した。この決定は、イギリスの国家的威信を損なう「世界的な役割からの撤退」として、"プロジェクト・キャンセル"と呼ばれ、当時世界中の注目を集めた。プロジェクト・キャンセル以降、イギリスは航空機自主製作を放棄し、国際共同開発に転換した。イギリスの決断に世界が注目したのは、プロジェクト・キャンセルによって、イギリスは世界最先端の技術開発競争から脱落し、政治的にはアメリカ政府の、経済的にはアメリカ航空産業のなすがままにされてしまうのではないかと考えられたからであった。

　プロジェクト・キャンセルは、航空という重要な産業における英米の攻防の到達点であったが、航空宇宙の分野における、これからの中国の台頭が、様々な国際政治闘争を引き起こすことが想定される。

主な参考・引用文献

坂出健（2010）『イギリス航空機産業と「帝国の終焉」―軍事産業基盤と英米生産提携』有斐閣。

山崎文徳（2009）「アメリカ民間航空機産業における航空機技術の新たな展開―1970年代以降のコスト抑制要求と機体メーカーの開発・製造―」、『立命館経営学』第48巻、第4号。

Bilstein, Roger E.（2001）*The Enterprise of Flight: the American aviation and aerospace industry,* Washington, D. C.: Smithsonian Institution Press.

Tyson, Laura D'Andrea（1992）"*Who's Bashing Whom?: Trade Conflict in High-technology Industries,* Washington, D.C.: Institute for International Economics," 監訳：竹中平蔵、邦訳：阿部司『誰が誰を叩いているのか―戦略的管理貿易は、アメリカの正しい選択？―』（1993）ダイヤモンド社。

第9章　航空安全

1．航空機事故の原因

(1) 様々な要因

　航空輸送における安全は、航空会社にとって絶対的な社会的責務である。運航の安全を脅かす要因は様々あるが、航空機事故には主に以下の7つの要因が関わっている。

❶航空機メーカー　❷パイロット　❸航空管制　❹整備　❺空港　❻天候　❼ハイジャック

　現実には、これらの7つの要因が複合的に影響して事故が発生していることも多い。例えば、悪天候下において、乗員と管制官のコミュニケーションミスがあった場合などは、3つの要因が関係している。尚、7つの要因には通常含まれないが、新しく製造された航空機の安全性を確認するのは各国の航空当局で、その検査に落ち度があると、運航にリスクのある航空機が空を飛ぶことになる。航空機は自動車の100～200倍の部品で構成される超精密機械であるが、航空機事態に安全上の課題が潜んでいることもある。また、後述する1985年の御巣鷹山の事故のようにメーカーの修理が原因で事故に至ることもある。

(2) 着陸時の事故割合

　表9-1は、航空機の出発から到着までのどの時間帯において死亡事故が発生したかを示したものである。滑走路への最終進入から着陸のフェーズが事故発生

表9-1　民間航空ジェット機飛行時間帯別の死亡事故発生割合（2006-2015年）

	駐機場所から滑走路への移動時	離陸から上昇時	巡行中	降下から滑走路進入中	最終進入から着陸
死亡事故件数割合	11%	18%	12%	10%	49%

出所：ボーイング社データより筆者作成

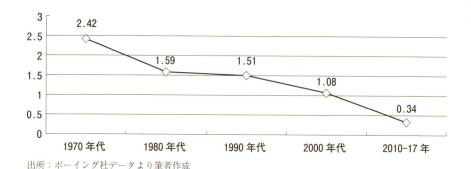

出所：ボーイング社データより筆者作成

図9-1　全損事故率の推移（百万回運航あたりの回数）

割合の約半数を占めている。

2．安全性向上が著しい航空輸送

　技術革新により、航空機の安全性は大きく向上している。図9-1は、ジェット機開発以降の航空機全損事故率の推移を示している。数値は100万回運航当たりの回数で、事故率は定常的に減少している。

3．航空会社各部門における安全管理体制

A．空港部門

　空港部門が担当する主なものは、旅客業務、運航管理業務、ランプ業務（航空機の誘導、けん引、手荷物・機内食の搭降載、清掃など）、貨物業務等である。空港部門にはこれら数多くの業務を航空機の安全な運航に資するように適切に管理することが求められている。

> **Key word** ランプ（ramp）とエプロン（apron）
> 　航空機は、旅客乗降時、貨物積み下ろし時、整備時、また夜間において駐機する場所が必要である。これらの駐機場はランプ、あるいはエプロンと呼ばれる。ランプは、元来航空機の発走やミサイルの発進に使われる助走台、あるいは水上機や飛行艇を水上から陸上へ引き上げる時の傾斜面を意味していた。

B．運航部門（運航乗務員の業務を支援する組織）
①発生事象、日常運航および運航乗務員（パイロット）の訓練審査に関する情報の収集
②情報の分析と評価
③対策の実施、訓練・審査への反映、情報の周知
④対策の効果および訓練・審査結果の確認

C．整備部門
①整備品質方針、整備品質目標の設定
②作業者による品質の作り込み（個々の整備作業において、適切な知識・経験・スキルを持った整備士が、適切な技術基準や業務手順に従って適切なツールを使って、適切な部品や材料で整備作業を行うことにより航空機および装備品の耐久性を確保している）
③作業品質、機材品質モニター
④モニター結果に基づくフォローアップ

> ■事例研究　外国で整備を行う時代へ
> 　整備は自社で実施すると考えられがちであるが、整備の領域にもグローバル化の波は押し寄せており、各国の航空会社が海外の整備専門会社に委託するケースも増加している。アジアの航空機需要は急拡大しているが、シンガポールは、多くの外国の航空会社の整備を受注してきた。しかし現在、インドネシア、タイなどシンガポールより人件費の安い国において整備需要獲得のため整備事業を強化している。

D．客室部門
客室乗務員の対処が必要な事態には運航中の揺れ（タービュランス）、客室内

の煙や火災、減圧、さらに緊急着陸、緊急脱出、急病人、粗暴旅客などがある。客室乗務員は、客室の安全を確保するためにこうした事態に適切に対処し、旅客を支援することが求められる。

4．同時多発テロ以降の航空保安体制

　我が国において、2001年9月11日の米国同時多発テロ以降、航空保安体制（ハイジャック対策、航空機爆破防止対策）が強化されたが、概要は下記の通りである。

空港警戒態勢水準の引き上げ
　全国の空港警戒態勢を最高水準に引き上げて、厳格な保安検査を実施。

凶器となり得る物の持込み禁止
　2002年5月、航空法関係法令を改正し、小型ナイフなど凶器となり得る物の機内持込みを禁止。

特定航空貨物利用運送事業者等の限定
　2005年10月より、「特定航空貨物利用運送事業者等の限定」運用開始。

クリーンエリア出入り口での検査
　2006年1月より、クリーンエリア（出発待合室・搭乗口）へ出入りする空港勤務者等に対する保安検査を実施。

液体物持込制限
　2006年の英国での航空機爆破テロ未遂事件を受け、ICAO（国際民間航空機関）は、2007年に液体物の機内持込制限に関するガイドラインを各締結国に通知した。液体物持込制限の内容は以下の通り。①液体物は100mℓ以下の容器に入れる。それらの容器を再封可能な容量1ℓ以下の透明プラスチック製袋にスペースに余裕にある状態で入れる。旅客一人当たりの袋の数は一つのみ。医薬品、ベビーミルク／ベビーフード、特別な制限食等については適用除外、②手荷物検査を効率的に実施するため、上記プラスチック袋及びパソコン等電子機器はバッグから取り出し、上着類は脱いで別々に検査員に提示する、③保安検査後の免税店で購入した酒類等は機内持込が可能。しかし海外で乗り継ぐ場合は、その国のルールによって没収される可能性がある。

■事例研究　ジャムも持込禁止
　液体持込制限の対象は、完全に液体とは言えないものも含まれている。例えば、

ジャム、ゼリー、ヨーグルトなども対象である。

受託手荷物検査

　最新式の爆発物検知装置を手荷物搬送システムに組み入れた「インラインスクリーニングシステム」が導入された。これは、受託手荷物のエックス線検査に代わる新しい保安システムで、受託手荷物を搬送するコンベヤーの途中に最新の高性能検査装置を設置し、自動的に高レベルの検査を行う。コンベヤー上の装置は、医療分野のコンピューター断層撮影装置（CTスキャン）を応用した機器で、米同時多発テロ以降に爆発物検査の精度を高めるために開発された。短時間でスーツケースの中身を調べ、爆発物を検知できる。

保安検査の高度化

　我が国においては、2020年の東京オリンピック・パラリンピック開催を機に空港における保安検査の高度化が進められている。保安検査の高度化の一環として、旅客の爆発物や銃刀類の所持の効率的な検知のため、先進的な「ボディスキャナー」（搭乗者に波長1～10ミリメートルのミリ波という電波の一種を照射して、不審物を調べる機器）を2020年までに国内の主要空港に導入する。

5．ヒューマンファクターの重要性

（1）スイスチーズ・モデル

　航空機は、本来多重防護の安全対策が施されており、一つだけの要因で事故にいたることは稀である。つまり、いくつかの不適切な要因が重なって事故に結びつくことが多い。それを図解したのが「スイスチーズ・モデル」で（図9-2）、リスク管理における著名な概念の一つである。スイスチーズの内部は、多数の穴が空いているが、薄切りにしたスライス状のスイスチーズを何枚も重ねると、それぞれの穴の位置が異なるため、穴を貫通する可能性が低くなる。逆に言えば、偶然各スライスの穴が重なり合った時に、事故が起きることを示している。この状態と同じように、リスク管理において、異なるタイプのリスク防護策を何重にも組み合わせることで、事故が発生する危険性を低減することができる。

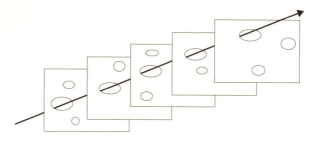

図9-2　スイスチーズ・モデル

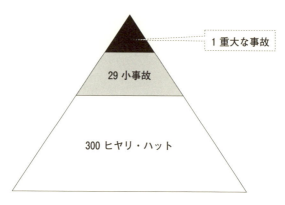

図9-3　ハインリッヒの法則

（2）ハインリッヒの法則とヒヤリ・ハット

　ハインリッヒの法則は、米国の保険会社調査部のハインリッヒ氏が労働災害の事例から導き出した比率で、一つの重大な事故の陰には29の小事故（軽微な事故）があり、さらにその陰には300の「ヒヤリ・ハット」があると考えられている（図9-3）。ハインリッヒの法則が示唆する通り、日々の仕事の中での小さな事象も見逃さず解決、改善していくことが全体の安全性向上につながる。

> **Key word**　ヒヤリ・ハット
> 　重大な事故には至らなかったが、事故が起こってもおかしくない一歩手前の状態。文字通り、突発的な事象やミスにヒヤリとしたり、ハッとしたりするものである。

重大な事故発生の前には多くのヒヤリ・ハットが潜んでいたと考えられる。ヒヤリ・ハットは結果として事故に至らなかったので、当事者は、その事故の予兆を忘れがちであるが、職場において、敢えて各個人が経験したヒヤリ・ハットの情報を公開させ、蓄積、共有することで、重大な事故や災害の発生を未然に防止することができる。

6．航空機の安全性を高めるシステム

航空機衝突防止システム（ACAS、TCAS）

ACAS（Aircraft Collision Avoidance System）あるいはTCAS（Traffic alerting and Collision Avoidance System）は、航空機の空中衝突を防止するためのシステムである。これは、航空機が相互に電波を発信し位置を確認する方法を利用している。この電波は、周囲28km以内に他の航空機がいる場合は、応答が返ってきて、その応答に基づいて距離や方向を確認する。衝突の可能性がある場合は、音声による警告や警報音を鳴らすと同時に、コクピットの計器に警報色を表示し、さらに衝突回避の指示が表示される。

対地接近警報システム（GPWS）

対地接近警報システムGPWS（Ground Proximity Warning System）は航空機が山や地面、海面に異常に接近していることを警告するシステムである。これらのものに接近すると電波高度計にて接近率を計算し、危険がある場合は音声で警告すると同時に、コクピットの計器に警報色を表示するなどパイロットに警告を発する。さらに機能強化型のGPWS（Enhanced GPWS）は、全世界の地形や空港の位置、空港周辺の建物などについて、ほぼ全てをデータベースに格納している。

ウインドシア警報システム

ウインドシア（Wind Shear）は、局地的に風向風速が急激に変化する現象をいう。この現象の事前警告を行うのがウインドシア警報システム（Wind Shear Warning System）である。従来は、航空機周辺の大気速度の変化をもとにウインドシアを検出していたが、最近は電波により航空機前方のウインドシアを検出でき、これは予知型ウインドシア警報システム（Predictive Wind Shear Warning System）と呼ばれる。

7. 御巣鷹山の B747型機事故

(1) 事故概要と航空事故調査報告書

御巣鷹山（おすたかやま）は群馬県多野郡にある。1985年8月12日、JAL123便（ボーイング747SR型機、乗員乗客524名）は、御巣鷹山の尾根に墜落し520名の尊い命が犠牲になった。当該機の事故原因については早い段階で、ボーイングが自社の修理ミスであると公表していた。運輸省（現在の国土交通省）航空事故調査委員会も同様に、「航空事故調査報告書」（1987年6月19日）によって、同機が1978年に伊丹空港で着陸時に滑走路に接触した部分へのボーイングの修理が不適切であったことにより後部圧力隔壁が破損したことが事故原因であると結論づけた。

(2) 何故か「修理計画書」と異なる修理が行われた

ジェット機の経済的巡航高度は、1万～1万2000mで、この高度の気圧は地上の20％程度である。運航時、機体内は与圧され地上気圧の80％程度になる。（与圧とは航空機の機内空間を一定の気圧に保つため空調装置などで圧力を加えること。空調装置は与圧のみならず、密閉された機内空間で、二酸化炭素の濃度が上昇し、呼吸に支障がでることを防ぐため、清浄な空気を送り込む換気、さらに、乗客乗員にとって快適な温度を維持する温度調節の役割を果たしている）円筒形の航空機胴体の前部と後部は前部圧力隔壁と後部圧力隔壁によりおおわれ外圧との境界になり、胴体外板や圧力隔壁は厚さ3～5ミリの薄いアルミ板であるが、補強材が強度を維持している。当該機の修理はボーイングの修理チームによって実施された。修理内容は、滑走路に接触した後部圧力隔壁の下半分を新規の部材と交換するものであったが、このボーイングの修理において不適切な作業が行われた。

事故報告書に記されたボーイングの修理ミスは、後部圧力隔壁の元の上半分と、新たに取り付けられた下半分の接続部分でおきた。正式の修理計画では、上部隔壁と下部隔壁を一枚の継ぎ板（補強板）で固定するものであったが、何故か上下に離れた2枚の継ぎ版（補強版）で固定された。（図9-4参照。ダブラープレートと呼ばれるアルミ合金の継ぎ板が使用された）

第9章　航空安全

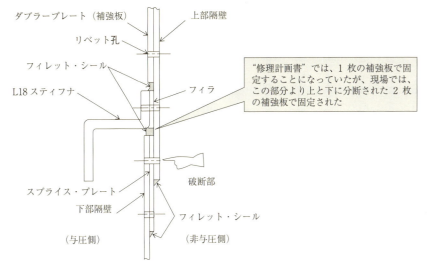

出所：図は航空事故調査委員会の報告書

図9-4　後部圧力隔壁の修理ミス

　ボーイングは、「修理計画書」に記載された継ぎ板（補強版）で必要な強度は十分確保されると強度計算し、それに基づいて「修理計画書」は作成された。しかし、現場では、計画書通り修理を行わず何故か強度を大きく低下させることになるように、継ぎ板が2枚に分断され、分断されたまま修理が進められていた。つまり、明らかに強度が弱いまま、その上をフィレットシール（ペイントのようなもの）で塗りつぶし外部からは見えないような状態で放置されていたのであった。

　航空機は、前述の通り飛行中は内部の気圧が外部より高い状態にあるが、地上にある時は外部と内部の気圧は同じである。よって、航空機の胴体及び圧力隔壁は飛行のたびに膨張しては元に戻ることを繰り返すことになる。不適切な修理で強度が弱いまま放置されていた部分に対しても、他の部分と同様に、飛行のたびに膨張しては元に戻ることが繰り返されていたのであった。そして、この不適切な修理が行われた弱い部分が"金属疲労"により破断した。

　図9-4のフィレットシールとは、接合部分での空気の漏れを防ぎ、圧力の気密を保つためのペイントのようなものである。フィレットシールは最初接触面に

143

塗っておいて最終段階で、さらに外側から細い溝のような部分はすべてフィレットシールで埋められてしまう。修理作業完了後は、当該修理ミス部分もフィレットシールで完全に覆われ、継ぎ版（補強版）が二つに分断されていることを目視検査で発見することは不可能である。

（3）金属疲労

金属疲労（fatigue、あるいは metal fatigue）は、金属材料が力を長時間にわたって繰り返し受けると、力が集中する部分に亀裂が生じる現象で、それが進行し破壊に至ることがある。重要な金属特性の一つで、強く硬い金属が、何かの衝撃で簡単に破壊される現象は、人類が銅器、青銅器、鉄器などを使い始めた古代から経験していたことである。今日においても、針金の同じところを指で何度も折り曲げていると折れること、また、缶ジュースの口をあける時、タブを引っ張り上げるが、それを元に戻し、再び引っ張り上げるという動作を繰り返すとタブが根元から折れてしまうことは一般に知られている。これは"金属疲労"によるものである。金属材料に何度も繰り返し力を加えることで、金属の中の原子の並び方に影響を与え、それが破壊につながっていく。

金属疲労の本格的な研究が開始されたのは、18世紀の産業革命以降のことであった。イギリスで産業革命が起こり、大規模な機械製造が開始されると鉄鋼材料が、それほど強大な力がかかっていない状況で突然破壊する事故が、深刻な社会問題になっていた。そして、小さい力によっても突然金属が破壊する性質が解明され、それを疲労という名で呼ぶようになったのは19世紀半ばであった。

航空機は、地上より気圧の低い上空で飛行するため、機内は与圧されている。図9-5が示す通り、航空機は飛行と地上で駐機している状態を繰り返すが、飛行中は与圧によって機内と外気では圧力差があり、航空機の胴体に膨らむ方向に力がかかっている。一方、地上ではこの圧力差はゼロであり、胴体に飛行中のような力はかからない。航空機は離陸と着陸を繰り返しながら地上と高い高度を行き来することから、胴体にかかる圧力の差異が繰り返されることになり金属疲労が発生する。

航空機事故の原因として金属疲労が関わっていることは1950年代の英国製航空機コメットの連続事故や1985年のボーイング747型機の御巣鷹山での事故だけではなく、米国アロハ航空ボーイング737型機の事故（1988年）、米国ユナイテッド

第 9 章　航空安全

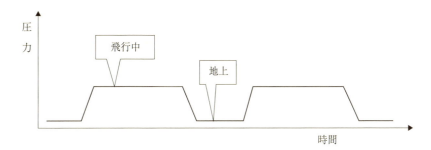

図 9-5　航空機が繰り返し受ける荷重

航空の DC-10 型機の事故（1989年）、イスラエルのエルアル航空のボーイング747型貨物機の事故（1992年）、台湾チャイナエアラインのボーイング747型機の墜落事故（2002年）など多くの航空機事故は金属疲労が原因である。また航空機事故以外でも、原子力発電所の蒸気発生器の破壊（1991年、関電美浜2号機）、ドイツ高速鉄道インターシティ・エクスプレス（ミュンヘン―ハンブルグ間、1998年）の脱線転覆事故、宇宙開発事業団（現・宇宙航空研究開発機構）打ち上げの H 2 ロケットの事故（1999年）、大阪エキスポランドのジェットコースターの事故（2007年）なども金属破壊がもたらした。

■事例研究　"金属疲労"受入れの壁
　このような金属疲労が原因の事故があるたびに、様々なメディアで"金属疲労"という言葉が大きく取り上げられる。しかし、多くの人が金属疲労について理解しているわけではないので、現実には、「金属疲労とは何か良くわからない」、「金属のような強固なものが安易に破壊するはずはなく何かの間違いではないか」、「（メディアが金属疲労発生のメカニズムや根拠を明解に説明していたとしても）金属疲労などと言っているが、真実は別のところにあるのではないか」などと思う人も多いのであろう。理系の基礎的な知見があればわかりやすい金属疲労も、一般社会では、"腑に落ちない"説明に過ぎないのかもしれない。もっとも、金属疲労を理解していながら、意図的に話を捻じ曲げているのであれば、それは論外である。

（4）白いシャツの男たち

　筆者は事故直後に現場に向かった最初のグループの一員であり 4 週間現地で活

動した。早い段階から半袖の白いワイシャツを着た身なりの良い外国人を何度も見かけ、どのような人たちなのだろうかと思った。後にボーイングの社員であることがわかったが、ボーイングは、自社の主力機747型機の事故原因が自らの責任であることを想定して、遠く離れた外国の山の中で、彼らなりの必死の対応をしていたのであろう。

■事例研究　ボーイングの発表
　ボーイングは、事故から一カ月近く経過した1985年9月7日に、当該機の修理ミスを認める声明を発表した。この事故がボーイング747型機の構造的な欠陥ではなく、当該機固有の問題であることを早い段階で発表することによって、747型機自体への信頼失墜を断ち切る意図であったと想像される。
　当時、ニューヨークタイムスが内部告発によって情報を得ており、いち早く修理ミスを発表するとの状況であったため、メディアに報道されて修理ミスを隠蔽していたことが発覚するよりは、自ら発表した方が悪い印象を軽減できると判断し、ボーイングが先手をうったとの報道もあった。1987年6月に公表された運輸省航空事故調査委員会の最終報告書も、ボーイングの発表と同様の内容であった。

（5）事故調査に立ちはだかった大きな壁

　事故調査委員会も群馬県警特別捜査本部も刑事訴追（被告人を起訴し、その刑事責任を追及すること）を求めたものの、ボーイングから修理を行った4名の事情聴取は拒否された。米国側の捜査共助（捜査を助け合うこと）が得られず、事情聴取出来なかったボーイングの4名は「氏名不詳」とされた。最終的な刑事責任追及を委ねられた前橋地検も、日米の制度の壁は乗り越えることができず、以下のように説明し、不起訴処分にせざるを得なかった。
　『修理ミスがあったことは明らかであるが、実際の作業者個人を特定することができず、また、なぜ指示通り（正式の修理計画書通り）作業をしなかったかなどが不明であるため、具体的な過失の有無及びその内容を認定することができない』

　本来であれば、このような大惨事に対して前橋地検を前面にたてるのではなく国家レベルでの対応が行われるべきであったが、政府は十分な力を発揮できなか

った。1987年、墜落現場の群馬県上野村で営まれた追悼慰霊式に参列したボーイングのスワイハート副社長（当時）は、記者会見で修理ミスは「イノセント・ミステイク」だったと語った。（「イノセント」は、「無知な」、「悪意のない」などと理解される）

（6）事故調査委員の報告[1]

2015年8月8日の『日本経済新聞』は当時の事故調査委員会への取材を通して、朝刊で以下のような報道を行っている。

『修理ミスの経緯を解明するために、事故調査委員[2]は、1986年3月、米シアトルのボーイング社を訪ね、「修理担当者に会わせてほしい」と求めた。だが、同社側は「もう、いない」と繰り返すばかりで応じようとしなかった。故意でない限り刑事責任を追及されない米国の事故調査と異なり、日本では事故調の報告書は鑑定嘱託[3]を通じて警察の捜査資料に使われる。事故調査委員は、「刑事訴追を恐れたのだろう。当事者から話を聞くのは事故調査の基本だけに、悔しい思いとした」と振り返る』

（7）JAL 破綻最大の原因――事故原因はボーイングにあったが、経営責任をとったのは JAL

この事故は、日本航空の経営に大変大きな影響を与えた。JAL が、この事故で業績の低迷を招いたとかの一過性のものではない。事故原因はボーイングにあったが、経営としての責任をとったのは JAL の経営陣であった。筆者は事故の前後、海外駐在の期間も含めると丸の内の東京ビル本社で20年近く勤務した。特に、事故後の6年間は、広報部に在籍していたので多くの内部・外部情報が耳にはいる立場にあった。また、事故当日は本社で残業をしていたが、連絡を受けて羽田のオペレーションセンターにかけつけた。そして現場に向かう一番最初のバスに乗って現場に行った。事故後最初の株主総会にも広報担当として出席していた。さらに後に民営化後の新体制を外部にお披露目をする行事の担当者でもあっ

1）2015年8月8日『日本経済新聞』朝刊。
2）記事では、事故調査委員の個人名が記載されているが、単に事故調査委員とした。
3）専門的な知識を有する第三者に委嘱すること

たため、JALに何が起こったかを良く知っている者の一人である。

当時、事故原因の本丸にはお咎めがなく、修理ミスで被害を被った企業が責任をとる顛末をみることになった。識者の中には、「大変悔しいことですが、この国は大国にはモノが言えないのです。また、国民には正しい情報が届かない。仮に届いたとしても、国民は何が社会正義かを判断するのを躊躇し長いものに巻かれてしまうのです。このような状況を見ていると、一企業のことを超えて、『この国は大丈夫か』と思いました」と話してくれた人もいた。

当時JALは民営化をひかえ、半官半民からより自立した経営への移行期であったが、事故の責任をとらされる形で、経営陣総入れ替えという前代未聞の人事が断行された。会長、社長、副社長、専務など主要な経営幹部は全員身を引かされた状態でバブル崩壊後の厳しい時代をむかえることになった。総入れ替えの結果、この難しい時代を乗り切るには不適切であった人とその取り巻きが経営を担うことになった。新しい経営は、それまで一歩一歩積み上げてきた経営の蓄積を一瞬のうちに吹き飛ばし、経営は、10年以上も大きく後戻りをすることになった。ナショナルフラッグであるが故に、様々なルートから、蓄えてある資金を吐き出させようとのアプローチがあった。これらのアプローチは、企業の体力を弱らせていった。経営陣は、本来であれば甘言に乗せられずに将来に備えての改革が必要であったが、総入れ替え後の経営陣にその力はなく、経営の歯車は逆回転を始めた。

JALの経営破綻の理由についての詳細は前著『最新｜航空事業論（第2版）』に記した通りである。実際の破綻は2010年であるから、破綻の原因は、それまでの10年間にあると考えている人も多いが、1980年代に、その種はまかれていた。

主な参考・引用文献
稲本恵子（2017）『エアライン・ビジネス入門』晃洋書房。
加藤寛一郎（2006）『爆発JAL123便—航空機事故、複雑怪奇なり』大和出版。
吉岡忍（1989）『墜落の夏—日航123便事故全記録』新潮社。
朝日新聞社会部（1990）『日航ジャンボ機墜落　朝日新聞の24時』朝日新聞社。
運輸省航空事故調査委員会（1987）「航空事故調査報告書」
航空振興財団（2015）『数字でみる航空2015』
日本航空調査室（1974）『日本航空20年史』トッパンアイデアセンター　年史センター。

第10章　空港

1．アジア＝米国路線の大転換―空港間競争激化

（1）"アジアのハブ空港"としての成田の位置づけ変化

　我が国の国際線の拠点である成田空港は、アジアの東端に位置するとの地理的優位性から、米国＝アジア間の航空輸送の最適な経由地であった。しかし、近年以下の要因により、成田空港、さらに我が国主要空港の位置づけが変化しつつある（図10-1）。

❶アジア全体の航空需要増大
　これまでは日本がアジア第一の経済大国であったが、中国、インド、アセアン等の経済が急成長。

❷超長距離の運航が可能な新型航空機登場
　2018年に、地球半周に近い約18,000kmの航続能力があるA350-900ULR（Ultra-Long Range）が登場。初号機がシンガポール航空に引き渡された。

図10-1　我が国空港位置づけ変化の要因

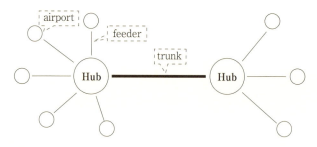

図10-2　ハブ・アンド・スポーク型ネットワーク基本概念図

❸アジア主要都市における大規模空港整備の進展

　このような変化に伴い、米国航空会社などが、日本経由ではない超長距離・直行便の運航、さらに、我が国以外の空港を利用しての運航を拡充している。

■事例研究　ニューヨーク＝シンガポール間の直行便
　2018年には、超長距離の航続能力を有するエアバス A350-900ULR の導入により、世界最長路線となるニューヨーク＝シンガポール間の直行便運航がシンガポール航空によって開始された。フライト時間は19時間弱になる（尚、厳密にはシンガポール航空は、以前同じ路線を運航していた。新型機の導入で、より採算がとりやすくなったことが再開の背景にある）。

■事例研究　ハブを使った長距離移動の基本パターン
　図10-2は、ハブ空港を活用した長距離移動を図式化したものである。大陸間の長距離移動では、小規模空港から最寄りのハブへ支線（feeder）で移動し、航空機を乗り換え別の大陸のハブまでの幹線（trunk）を使い、さらに、航空機を乗り換え支線で目的地（小規模空港）へ移動する。

（2）アジア＝米国の直行便拡大

　米国は3大メガキャリア（アメリカン、ユナイテッド、デルタ）に再編されているが、米国企業の視点からみたアジア・太平洋市場の位置づけは以下の通りで

第10章 空港

ある。

❶ **アジア・太平洋市場は、大西洋市場に次いで2番目に重要な市場**

米国からアジアへの航空旅客数は、2009年から2017年の間に2136万人から1.6倍の3424万人に増加している。

❷ **米国とアジアを結ぶ最も効率の良い航空ルートは、太平洋ルートではなく北極ルート**

かつての冷戦時代は、米国とソ連の緊張関係から、米国航空会社は北極ルートを使用することができなかった。よって、米国航空会社は、アジア各国やオーストラリアに向かうためには、日本や欧州を経由することが必要であった。しかし、ソ連崩壊、ロシア等における管制システムの改善、長距離の航続能力を有する新型機の登場で、現在では米国航空会社は北極圏ルートを選択することが可能である。

❸ **東京の「アジアの国際ハブ空港」としての位置づけ変化**

東京は、米国主要都市から最短の距離に位置し、これまでは、米国からアジア主要都市へ向かう航空旅客が乗り継ぎを行う「アジアの国際ハブ空港」として機能してきた。しかし、超長距離の運航が可能な新型航空機の登場によって乗継時間を含めた総飛行時間、総コストの観点から、その優位性は薄らいでいる。

❹ **米国から中国への航空旅客数が急増**

米国からアジア方面への航空旅客数は、2017年の段階では日本が第一位であるが、中国への航空旅客数が急増している。同時に、インドへの航空旅客数が堅調に推移している。かつて、日本はアジアのゲートウェイであったが、その地位は低下傾向にある。日本を到着地とする米国からの航空旅客数は、2000年から2017年の間に約30％減少した。一方、中国を最初の到着地とする米国からの航空旅客数は、同期間に約10.3倍と飛躍的に増加した。韓国を最初の到着地とする米国からの航空旅客数は、同期間に約2.4倍に増加した。香港、台湾を最初の到着地とする米国からの航空旅客数も増加傾向にある。

このように米国＝中国間の航空旅客数は急増しており、成田を利用する乗継客は減少傾向にはあるものの、依然として、米国からアジアへの航空旅客にとって、最大の乗継空港である。第二位はソウル・インチョン、そして、台北・桃園空港、香港空港、北京空港と続いている。

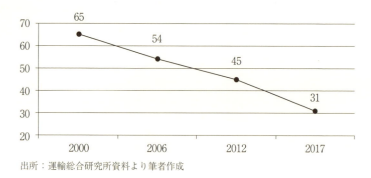

図10-3　米国＝アジア間直行便航空旅客数における日本路線シェア推移（単位：%）

❺中国＋香港路線が、日本路線を逆転

図10-3が示す通り、米国からアジアへの直行便の航空旅客数シェアにおいて、日本路線は、2000年65%、2006年54%、2012年45%、2017年31%と低下している。中国路線は、直行便の飛躍的増加により、2000年の3%から、2017年の23%へと大幅に増大した。中国路線と香港路線を合計したシェアは、2017年には33%となり、31%だった日本路線を上回った。

❻アジアでの乗継国として、中国が日本とほぼ同水準に

アジアは大変広大であると同時に、アメリカにとっては地球の反対側に当たるため最終目的地に到着する前に約半数の旅客が途中の都市で乗継をしている。乗継が行われる国は、東アジア、中東、欧州、カナダなど多岐にわたっている。日本は長期間アジアの支配的な乗継国であったが、中国で乗継を行う航空旅客が急増し、2017年にはほぼ同数になっている。

❼米国＝中国路線で、中国航空会社が躍進

米国から中国への航空旅客数については、2000年から2017年において、中国の主要航空会社が躍進し、中国国際航空、中国東方航空、中国南方航空が三大航空会社に成長している。

2．アジア主要空港の概要―アジア・太平洋地域の旅客数増加

IATA（国際航空運送協会）の予測では、アジア・太平洋地域の航空旅客数は今後20年間で約50%増加する。アジアの主要空港は、大きく成長するアジア・太

第10章　空　港

表10-1　世界の空港・航空旅客数ランキング（2017年）

順位	都市名	空港名	旅客数（千人）
1	アトランタ	ハーツフィールドジャクソン国際空港	103,903
2	北京	北京首都空港	95,786
3	ドバイ	ドバイ国際空港	88,242
4	東京	羽田空港	85,409
5	ロサンゼルス	ロサンゼルス国際空港	84,558

出所：Airports Council International

表10-2　世界の空港・国際線旅客数ランキング（2017年）

順位	都市名	空港名	旅客数（千人）
1	ドバイ	ドバイ国際空港	87,722
2	ロンドン	ヒースロー空港	73,187
3	香港	香港国際空港	72,462
4	アムステルダム	スキポール空港	68,401
5	パリ	シャルル・ド・ゴール空港	63,697
6	シンガポール	チャンギ国際空港	61,574
7	ソウル	インチョン国際空港	61,521
18	東京	成田国際空港	33,091

出所：Airports Council International

平洋地域の航空旅客獲得のため、ターミナルビル建設や滑走路増設など大規模な施設整備を進めている。表10-1～表10-3は世界の空港ランキング、及び主要空港の施設整備の概要である。

■事例研究　世界一の空港―シンガポール・チャンギ国際空港
　チャンギ国際空港は、2019年の世界最高の空港（World's Top 100 airpors 2019の第一位）に選ばれた。英国の航空サービス調査会社スカイトラックスのランキングで、7年連続世界一である。2017年秋にオープンした第4ターミナルは典型的な近未来型の施設で、人の手を煩わすことなく自動で搭乗手続きや手荷物預けを実施できる設備が整っている。搭乗手続きを行うチェックインキオスクでは、パスポートをス

表10-3　アジア主要空港の施設整備概要

空港	施設整備概要
ソウル・インチョン	・出発旅客は2010年の1650万人から2017年の3031万人へと約84％増加した。 ・2023年までに第4滑走路が完成。
香港	・キャセイパシフィック航空と香港航空のハブ空港。 ・出発旅客は2010年の2467万人から2017年の3619万人へと約47％増加した。 ・乗継旅客のシェアは2010年は31％（762万人）、2017年は30％（1086万人）と他の大規模空港と比較しても高い数値で、乗継に便利な空港であることが理解できる。 ・2024年に第3滑走路、及び第3ターミナルビルが完成。
北京 （首都空港）	・米国アトランタ・ハーツフィールド・ジャクソン国際空港に次いで世界第2位の航空旅客数である。 ・出発旅客は2010年の3707万人から、2017年の4985万人へと約34％増加した。
北京第2空港 （大興空港）	・北京首都空港の処理能力が限界に達すると予測されるため、北京第2空港（大興空港）が2019年10月に開港予定。 ・大興空港は開港当初、4本の滑走路を運用し年間4500万人（出発旅客と到着旅客の合計）の処理能力を有する世界有数の国際ハブ空港になる見込みである。
上海 （浦東空港）	・中国で2番目、世界で9番目に航空旅客数が多い。 ・乗継旅客のシェアは2010年の9.4％（196万人）から、2017年の13.8％（492万人）に増加した。 ・出発旅客は、2010年の2087万人から、2017年の3569万人へ約70％増加した。
シンガポール	・乗継旅客のシェアは2010年の33.2％から、2017年の26.6％に減少したものの、香港同様に高い数値である。 ・出発旅客は2010年の2152万人から、2017年の3062万人へと約42％増加した。 ・2020年には第3滑走路（現在、軍用）の軍民両用化が実現、2030年には第5ターミナルビルの完成が予定されている。

キャンするなどして、予約確認や座席指定を行い、搭乗券と手荷物預け用タグを印刷する。印刷されたタグをスーツケースに付けて、自動手荷物預け機に移動すると、乗客の写真の照合など顔認証の手続きの後、スーツケースは、手荷物用コンベアで流れていく。出国検査においても、パスポートや搭乗券の確認を行う審査官はいない。顔認証や指紋認証で手続きが終了する。機内持ち込み手荷物検査でも最新技術

が使われており、ノートパソコンやタブレットをバッグから取り出す必要はない。最後の搭乗口も自動化されている。チャンギ国際空港の評価が高いのは施設面だけではない。搭乗手続き後一切上下の移動をする必要のないフロアの移動、都心までのアクセスがスムーズであることなども高評価の要因である。

　尚、チャンギ国際空港は機能・サービス面の充実度でも世界一であるが、2019年4月に開業した24時間オープンの大型商業施設「ジュエル」が、さらに空港の魅力を増している。施設内には、高さ40mの人工の滝、120種類以上の植物、子供が楽しめる遊具や迷路などに加え周囲には280のショップ、レストラン、さらにホテルがある。

■事例研究　顔認証でウォークスルー

　チャンギ国際空港には一歩遅れてはいるものの、我が国空港の施設・サービス面が充実しつつある。成田空港では、2020年春からNECが開発した顔認証を応用した搭乗手続きシステム「One ID」などを活用して搭乗手続きにかかる時間を短縮する。国際線旅客は、チェックイン時に顔写真を登録すると、その後の手続き（手荷物預け、保安検査、搭乗ゲート）において、従来必要であった搭乗券やパスポートを提示することなく"顔パス"で通過できるようになる。このシステムは、チェックイン端末のカメラで搭乗者の顔を撮影し、パスポートの顔写真と照合し本人かどうかを確認するものである。確認がとれるとその情報を登録する。保安検査場では、従来搭乗券確認を行っていた入口をウォークスルーで通過した後、保安検査に進むことができる。搭乗ゲートにおいてもウォークスルーで通過できる。2020年春の運用開始時は、JALとANAの国際線が、このシステムに対応し、その後全体に適用する。

　尚、入国管理における顔認証は、成田、羽田、関西国際、中部国際、福岡など主要空港で日本人対象に進んでいる。さらに、2019年度中に、顔認証技術を使って訪日外国人の出国手続きを簡素化する。

3．成田国際空港

（1）発着時間延長と第3滑走路建設

　成田空港の機能強化計画に基づくA滑走路の発着時間の延長が、1978年の開港以来はじめて、2019年の秋に実現する。世界の大規模空港は、ほとんど24時間運

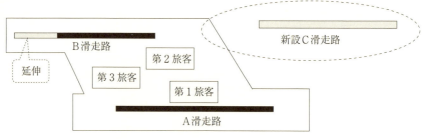

図10-4　成田空港滑走路の将来計画概略図

表10-4　首都圏空港の年間発着枠の今後の推移

	成田空港	羽田空港 (うち国際線)	首都圏空港全体
2019年夏時点	30万回	44.7万回 (9万回)	約75万回
2020年 (オリンピック開催時)	34万回	48.7万回 (13万回)	約83万回
2020年代半ば (第3滑走路運用時)	50万回	48.7万回 (13万回)	約99万回

用可能であるが、成田空港は開港前から大きな建設反対運動（成田闘争）があり、午前6時から午後11時までの運用である。内陸にある空港であるが故に騒音の増加などを理由に地元からの強い反対があったが、A滑走路は、午前0時までの発着が認められることになった。また、2020年代半ばにはC滑走路整備（3500m）、B滑走路の延伸（2500→3500m）も予定されている（図10-4）。

　成田空港は、表10-4で示した通り、2020年のオリンピック開催時までには発着時間の延長などで約4万回の増枠を行い、さらに2020年代半ばには、C滑走路新設、B滑走路延伸、夜間飛行制限の緩和などで約16万回の増枠を目指している。羽田空港も新たな飛行ルートの採用などでオリンピック開催時までには、約4万回の国際線の増枠を目指している。2020年代半ばにおいて、成田、羽田を合わせた首都圏空港全体の発着枠は年間100万回に近づく。

表10-5　成田国際空港の歴史

1978年	開港は反対派の中央管制塔占拠などで延期され、5月20日に開港
1992年	第2旅客ターミナルビル供用開始
2002年	B滑走路は暫定的に2,180mで供用開始
2004年	国が全額出資の特殊会社「成田国際空港株式会社」発足
2009年	B滑走路は2,500mに延伸され供用開始
2015年	第3旅客ターミナルビルがオープン
2019年	A滑走路運用時間延長

出所：成田国際空港株式会社ウェブサイト

■事例研究　成田闘争

　羽田の発着容量が限界に達することが想定されていたため、政府は、1966年に広い県有地がある千葉の三里塚周辺に首都圏第二の空港設置を決定した。尚、新空港が東京都や神奈川県ではなく成田地区が選択された背景には、1都8県にまたがる広大な米軍管理の横田空域の存在があった。米軍管理の横田基地近くでは、民間機の運航が大きく制限されるため、東京から東に逃げた場所に建設する必要があった。しかし、三里塚においても地元農民のみならず政治グループや学生などで構成された反対グループが加わっての反対闘争（「成田闘争」あるいは「三里塚闘争」と呼ばれる）が展開され1978年の開港までの12年間に、反対派、機動隊双方で多数の血が流された。イデオロギー闘争がほとんどなくなった現在では、「成田空港は軍事空港として建設される」との理由で反対する政治グループの動きは理解しにくいかもしれない。

　1973年には長さ4000m、幅60mのA滑走路、管制塔、ターミナルビル、駐機場など空港施設は完成したものの、千葉県花見川を経由する燃料輸送パイプライン敷設をめぐっての反対運動などがあり開港は大幅に遅れた。このような経緯で、B滑走路、C滑走路を整備する第二期工事は進まず、1978年の開港は第一期工事分（A滑走路）のみとなった（表10-5）。

Key word　横田空域

　横田基地周辺には、米軍が空の管制権を持つ広大な空域が残っている。高度は2450m～7000m。法的根拠は、日米地位協定6条と、それに基づく日米合同委員会の合意とされている。

（2）成田新幹線計画

　成田空港開港前に新幹線を東京駅から成田空港まで建設する計画があった。国は、1966年に閣議決定し、1974年に工事は着工された。しかし、沿線自治体、さらに成田空港建設反対派の反対もあって、既に一部の工事は進められていたが1983年に工事中止が決定した。この成田新幹線計画を、現在の視点で振り返ってみるとどうなるであろうか。成田空港は、近年改善されつつあるものの、以下のような課題を抱えている。
①内陸にあり24時間空港でないため東アジアのハブとして十分な役割を担うことができない。
②都心までのアクセスが悪い。
　仮に成田新幹線が実現していれば、世界を結ぶ広大な航空ネットワークと世界最先端の高速鉄道の結節により、世界に例をみない高速交通ネットワークが実現し成田空港の位置付けは大きく変わっていたのではないかと思われる。成田空港に到着した外国人の多くが新幹線を利用し都心へ、さらには日本各地に移動することが可能で、新幹線システムの評価は世界で定着し、より大きなインフラ輸出の成果につながったと思われる。成田新幹線問題は、我が国の近視眼的な判断が、国家成長の妨げになった特徴的な事例であるように見える。

4．羽田空港（東京国際空港）

　羽田空港は、2020年の東京オリンピック・パラリンピックを視野に、国際線の年間発着数を約4万回増やし、合計13万回にする。それを実現するための第一の課題が、図10-5で示した都心上空の飛行ルート採用である。国土交通省は、関係自治体の承認が得られるよう、説明会を開催し理解を求めてきた。第二の課題が、在日米軍の横田基地が航空管制を担う「横田空域」を一時的に通過することである。日本政府は、安全運航のため、横田空域に入る数分間の管制を米軍ではなく日本側で行うことができるよう調整を続けてきたが、米軍は2019年1月に日本側の要請を受け入れた。

5．関西国際空港

　関西国際空港建設は1974年、泉州沖に決定した。1968年時点で、関西国際空港

第10章 空港

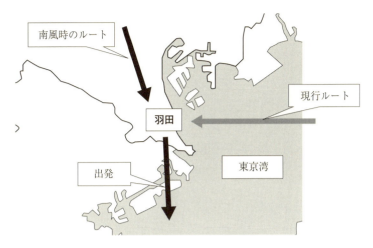

図10-5　羽田空港の新離着陸方式

表10-6　羽田空港の歴史

1945年	米軍による羽田の拡張工事着手
1952年	米軍から返還「東京国際空港」に改称
1978年	成田開港に伴い国際線が移転
2004年	第2旅客ターミナル供用開始
2010年	D滑走路供用開始、国際線ターミナルビル供用開始（国際線定期便が再就航）
2014年	C滑走路延長
2017年	第2旅客ターミナル国際線施設対応工事開始

出所：東京航空局ウェブサイト

表10-7　関西国際空港の歴史

1984年	関西国際空港株式会社設立
1991年	旅客ターミナルビル工事着工
1994年	関西国際空港開港
2007年	第2滑走路供用開始
2012年	関西国際空港と大阪国際空港が経営統合
2016年	関西エアポートが両空港の運営会社として事業を開始
2018年	台風21号直撃で空港が一時閉鎖

出所：新関西国際空港株式会社ウェブサイト

の候補地は8カ所（阪和県堺、泉州沖、岸和田沖、西宮沖、六甲沖、ポートアイランド沖、明石沖、淡路島）であったが、建設地決定は、各地域の政治的利害も絡み大変困難な作業であった。

　空港建設は、当初国が全額出資する公団方式が有力であったが、1983年、中曽根内閣により建設も運営も株式会社で行うことが決定され「中曽根民活第1号」と言われた。当時の臨時行政調査会（土光敏夫会長）が「増税なき財政再建」を打ち出し歳出削減を強く求めたからである。この方針に基づき、関西国際空港の管理、運営は、国が過半数の株式を保有する関西国際空港株式会社が行うことになった。

　空港建設の総事業費は2兆4500億円で、国の負担が約29％、地方自治体の負担が10％、経済界の負担が4％、それ以外の資金は市中借入金であった。関空は難工事であったことや漁業補償などで建設費が膨らんだ。さらに需要が想定を下回ったこと、また建設資金の半分以上が借入金であることが原因で、1994年9月の開港以来赤字が続き年間売上高の10倍にあたる約1兆2千億の有利子負債を抱え、利払いだけで年間300億円を超える厳しい経営状況が続いた。民間企業であれば歴史的な大型倒産に至ったであろうが、経営維持のために国は様々な支援を行った。赤字補填のために採用されたのは、年間約100億円の税金を投入する補給金制度であり2003年度に開始された。

　さらに、関西圏における空港整備の全体調整が上手くいかず、2006年に神戸空港が開港し関西の3空港の供給過剰と役割分担が大きな課題となった。関空は、長期間にわたる多額の税金投入で何とか倒産を避けてきたが、新たな対応策として、2012年7月に関西国際空港と大阪国際空港は経営統合され、新しく新関西国際空港株式会社が設立された。

　そして、統合された新関西国際空港株式会社の運営を行うために2015年に設立されたのが、関西エアポート株式会社であった。関西エアポートは、2016年4月1日より新関西国際空港株式会社から両空港の運営を引き継ぎ両空港の運営会社として事業を開始した。関西エアポートはオリックスとフランス空港運営大手のバンシ・エアポートの企業連合である。契約期間は2016年度から44年間、期間中に支払う運営権の対価は総額約2兆2000億円である。新会社は、この運営権売却で得た資金を、関西国際空港が抱える多額の負債（2015年3月時点で約1兆1230億円）の返済などに充当する。尚、関西エアポートは2018年に、神戸空港の

表10-8　中部国際空港の歴史

1997年	1998年度予算案で中部国際空港事業化承認
1998年	中部国際空港株式会社設立
2000年	空港の護岸工事開始
2005年	中部国際空港開港
2019年	新ターミナルビル供用開始

出所：中部国際空港株式会社ウェブサイト

運営権も獲得している。オリックス・バンシの企業連合の空港運営計画の骨子は以下の通りである。
①契約最終年度（2059年度）に2014年度実績比で売上高6割増、旅客数7割増の5800万人に引き上げ
②施設改修などに年平均215億円投資
③バンシのルートを生かし、欧米やアジアの路線を誘致
④柔軟に着陸料を変更
⑤貨物航空会社を新たに誘致
⑥空港内や周辺に商業施設を新設
⑦ターミナル配置見直し
⑧乗り継ぎ客向けに安価なホテルなど建設

6．中部国際空港

　中部国際空港（愛称：セントレア）は関西国際空港より約10年遅れて整備が開始され愛知県常滑市沖の人工島に建設された。建設にあたっては関西国際空港建設を参考にすると同時に、民間のノウハウを多く取り入れ総事業費の削減を実現した。関西国際空港の総事業費は二期工事も含め2兆4500億円であるが、中部国際空港は事業費削減のため滑走路は1本（3500m）にし、空港全体をコンパクトにおさえ当初国が予定した総事業費7680億円よりも少ない5950億円で完成した。尚、地元自治体や経済団体を中心に2本目滑走路建設構想が国に対し提言されており、将来構想においては現滑走路の4000mへの延伸、及び2本目滑走路（4000m）の建設が計画されている。

　空港を運営する中部国際空港株式会社の資本構成は国40％、地方自治体10％、その他トヨタ自動車、中部電力、東海旅客鉄道、名古屋鉄道等の地元有力企業が

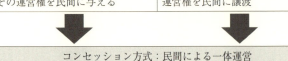

施設所有者	国	民間
対象	滑走路等	空港ビル等
運営	国が所有したまま運営権を設定し、その運営権を民間に与える	第三セクター等既存の運営会社が、運営権を民間に譲渡

コンセッション方式：民間による一体運営

図10-6　国管理空港等におけるコンセッション方式の概念図

出資し民間企業が参画した経営形態で、開港以降堅実な経営を続けている。

7．空港民営化─コンセッション方式

2013年、民間の力を活用した国管理空港等の運営に関する法律「民活空港運営法」が成立し7月25日から施行された。図10-6が示す通り、国管理空港では、滑走路等を国が管理し着陸料は全国一律が原則である。一方、空港内にある空港ビル等は、第三セクターが運営主体である。この従来型の運営方式では、両者の運営主体が異なり着陸料も需要に応じて柔軟に決定できず、地方空港における航空会社の就航数が伸びない一因であった。

「民活空港運営法」に基づく新しい民営化の方式は、滑走路等の運営権、さらに空港ビル等の運営権を民間に譲渡する方式で「コンセッション」と呼ばれる。コンセッションによる民営化後は、民間が、滑走路や駐機場、さらに空港ビル等も一体で運営し、空港ビルで得たテナント料などの収入を原資にして着陸料を低くすることも可能になる。尚、航空交通管制は、コンセッションの対象外で継続して国が運営管理を行う。

コンセッションの課題は、空港の所有と運営に複数の組織が関わるために、責任の所在が不明瞭になりやすいことである。

■事例研究　2018年9月の台風21号で関西国際空港閉鎖
　関西を直撃した台風21号によって、滑走路が冠水し、空港は閉鎖され約8千人が孤立状態になった。閉鎖後、国から運営権を取得し2016年から運営している関西エアポートが記者会見を行った。この記者会見で地盤沈下進行の責任問題が浮き彫

第10章　空　港

になった。関空は建設当初から地盤沈下が進行しており、それが大規模な浸水被害をもたらしたが、本来地盤沈下の責任は開港当時の経営主体に責任がある。その意味では、地盤沈下がもたらした大災害への緊急対応においては、空港を所有する新関西国際空港会社が前面に出るべきだったと思われる。

8．全国の空港数と分類[1]

空港は、空港法に基づき、以下のように分類されている。総空港数は97である（2019年8月時点）。

A．拠点空港（28カ所）
空港法第4条第1項各号に掲げる空港（成田国際空港、東京国際空港、中部国際空港、関西国際空港、大阪国際空港並びに国際航空輸送網又は国内航空輸送網の拠点となる空港）
- 会社管理空港（4カ所）
  成田国際空港、中部国際空港、関西国際空港、大阪国際空港
- 国管理空港（19カ所）
  東京国際空港（羽田）、新千歳空港、稚内空港、釧路空港、函館空港、仙台空港、新潟空港、広島空港、高松空港、松山空港、高知空港、福岡空港、北九州空港、長崎空港、熊本空港、大分空港、宮崎空港、鹿児島空港、那覇空港
- 特定地方管理空港（5カ所）
  旭川空港、帯広空港、秋田空港、山形空港、山口宇部空港

B．地方管理空港（54カ所）
空港法第5条第1項に規定する国際航空輸送網又は国内航空輸送網を形成する上で重要な役割を果たす空港
利尻空港、礼文空港、奥尻空港、中標津空港、紋別空港、女満別空港、青森空港、花巻空港、大館能代空港、庄内空港、福島空港、大島空港、新島

---

[1] 空港整備法の該当表記を要約。

空港、神対馬空港、三宅島空港、八丈島空港、佐渡空港、松本空港、静岡空港、富山空港、能登空港、福井空港、神戸空港、南紀白浜空港、鳥取空港、隠岐空港、出雲空港、石見空港、岡山空港、佐賀空港、対馬空港、小値賀空港、福江空港、上五島空港、壱岐空港、種子島空港、屋久島空港、奄美空港、喜界空港、徳之島空港、沖永良部空港、与論空港、粟国空港、久米島空港、慶良間空港、南大東空港、北大東空港、伊江島空港、宮古空港、下地島空港、多良間空港、新石垣空港、波照間空港、与那国空港

C．その他の空港（7カ所）

空港法第2条に規定する空港のうち、拠点空港、地方管理空港及び公共用ヘリポートを除く空港

調布飛行場、名古屋飛行場、但馬飛行場、岡南飛行場、天草飛行場、大分県央飛行場、八尾空港

D．共用空港（8か所）

空港法附則第2条第1項に規定する空港

札幌飛行場、千歳飛行場、三沢飛行場、百里飛行場（茨城空港）、小松飛行場、美保飛行場（米子空港）、岩国飛行場、徳島飛行場

■事例研究　みやこ下地島空港ターミナル

　従来大手航空会社のパイロット訓練の場所として主に使用されていた沖縄の宮古島市にある下地島空港に2019年3月、新ターミナル「みやこ下地島空港ターミナル」が完成した。この新ターミナル完成に伴い国内線に加え、香港までの国際線も開設される。この数年、宮古島への中国、台湾からのクルーズ船寄港が急増するなど、この地域のリゾート地としての魅力が注目されている。

主な参考・引用文献

坂本弘毅（2018）『アメリカ航空産業の現状と今後の展望～超長距離・直行便の拡充等を受けた米国航空会社のアジア路線・ハブ戦略』運輸総合研究所．

第11章　**国際航空法***

1．航空法の概念

(1) 航空法の沿革

　フランスのモンゴルフィエ兄弟（兄ジョゼフ1740-1810、弟ジャック1745-1799）は大型の熱気球を作ることに成功し、1783年9月19日、それをベルサイユ広場で衆人注目のうちに大気中にあげた。気球の下には、羊、鶏、あひるなどの動物を入れた籠が取り付けられ、それらは気球とともに空中に舞い上がった。さらに、その年の10月15日、ロージェという名のフランス人が、モンゴルフィエ兄弟の熱気球に乗ってパリの上空を飛ぶという大冒険を演じた。これらは、フランス警察の許可をとることなく行われたため、翌年、気球の規則を目的とする警察命令を制定し、警察の許可をとらないで気球を飛ばしてはならないことを布告した。これが航空法の起源であるとされている。

　1855年には、滑空機（グライダー）が発明され、航空は国際的規模に発達した。そのため、航空について国際的に規制を行う必要が生じ、国際規則を作成するための会議が、1889年パリにおいて開催された。これが世界最初の国際航空法会議である。1909年に、法律学者の任意団体である航空法国際委員会がパリにおいて設立された。さらに、その翌年、パリで航空法会議が招集され、19カ国の政府代表がこれに参加した。1914年、第一次世界大戦の勃発とともに、航空機の利用は多様化し、航空法の国際化は時代の要請であった。1916年、南米チリにおいて汎アメリカ航空会議が開かれ、各国航空法の統一化を図るこころみが行われた。第一次世界大戦が終わった翌年の1919年、パリにおいて国際航空会議が開かれ、国際航空条約、すなわちパリ条約が採択された。パリ条約は、世界全域にわたる実

165

施を意図して作成された一般条約であったが、実際には38カ国のみが当事国となるにとどまった。しかしこの条約は、今日の国際航空法の基礎となった重要なもので、領空主権確立をはじめとし、航空機の国籍及び登録、並びに航空の安全性に関わる規定など航空法の重要な原則が既にこの条約において規定されている。

1926年には、スペイン政府の招聘により、中南米国際航空会議がマドリッドにおいて開催され、イベロ・アメリカン航空条約（マドリッド条約）が署名されたが、この条約は僅か7カ国が批准したに過ぎなかった。また、1928年には、パリ条約に参加しなかったアメリカはじめ、ラテン・アメリカ諸国がハバナに集まって、パン・アメリカン商業航空条約（ハバナ条約）を採択した。この条約は16カ国により批准され発効したが、内容的には、パリ条約を模したものであった。

> **Key word** 採択と批准
>
> 「採択」は、条約交渉において、条約（あるいは協定）の主旨・内容に基本的な賛意を表明すること。採択時には、条約文書に署名を行う。（ただし、この時点で法的拘束力はない）「批准」は、署名をした条約の内容について国家が最終確認を行い、条約に拘束されることについて同意すること。国会承認等所定の国内手続きにより条約同意の確認を行い、批准書を作成する。二国間の条約の場合は、相手国と批准書を交換して条約が発効する。また、多数国間条約の場合は会議開催地国の政府あるいは国際機関に批准書を寄託することで効力が発生する。

（2）航空法の定義

航空法（Aviation Law/Air Law）とは、航空によって生じる諸関係を規律する規範の総称である。航空法は、航空機が容易に国境を越えて航行することから、その規律の対象となる航空が一つの国の領域内で行われるか否かによって、国内航空法と国際航空法に分類される。航空が一つの国の領域内だけで行われる場合、それを規律する法は一般的にはその国の国内法、すなわち国内航空法で足りる。しかし、航空が複数の国の領域にまたがって行われる場合は、その規律にはそれに関与する複数の国の国内規範とそれらの国の間で適用する国際規範とが必要になる。したがって、それらを規律する国際航空法は、関係国の国内規範及びそれら関係国に適用する条約や国際協定などの国際規範によって構成される。

ここで留意すべきは、EU（欧州連合）についてである。EUは、1997年に域内で航空の自由化を完成し、域内の航空市場について事実上国境を廃止している。これにより、EU構成国の国内航空は国際法によって規律されることになった。一方、EU以外の地域においても、国際航空の自由化に伴い国内航空を国際規範から完全に独立させることが事実上難しくなりつつあり、国際航空法はその適用範囲を国内航空に拡大しつつある。

2．空域

(1) 空の法的地位

空域が、その下にある国家主権に服するかどうかは、航空が初めて問題となった18世紀以来の重要な課題である。空の法的地位について、空は下位国の領有に属するとする空の主権説と、空は下位国の領有に属さないとする空の自由説の二つの学説があった。それぞれの説の主な根拠は以下の通りである。

空の主権説の根拠
①統治作用を行う空間が領域であり、領域は土地と水とその上の空域を含めた概念である。
②海と陸とは併存の関係にあるが、空と陸とは混合の関係にあり、海洋の自由をもって同じように空の自由を律しようとすることは、空と海の差異についての基本的認識に誤りがある。
③空における行為の下位国に与える影響は、海における行為の沿岸国に与える影響とは比較にならないほど重大なものがある。

空の自由説の根拠
①空気は占有することができない。従って、それは領有の対象にならない。
②空には境界線を引けない。

(2) 条約の規定

1944年の国際民間航空条約（シカゴ条約）は、第一条において、「締結国は、各国がその領域上の空間において完全かつ排他的な主権を有することを承認する」と規定し、各国の完全かつ排他的な領空主権を認めている。これは、1919年のパ

リ条約の規定と同一の規定であり、1926年のマドリッド条約、及び1928年のハバナ条約にも同趣旨の規定がある。

（3）領空の範囲

条約における「主権の及ぶ領空とはどの範囲なのか」を規定する必要があるが、まず領空上の空間の範囲（領空の縦の範囲）を区切る必要がある。地上の空間は一般に無限であるとされるが、航空のために必要な空間は無限である必要はない。大気圏は、気象学の一般的な区分によれば、地表に近いところから、対流圏、成層圏、電離圏、及び外気圏に分けられ、空気は地表から離れるに従い希薄となり、その上層部ではほとんど存在しない。航空とは、空気の反動により空中を浮揚することをいい、航空機とは、空気の反動により空中を浮揚する機器をいうのであるから、空気の存在しないところでは航空は不可能である。従って、国際民間航空条約にいう、空間とは、空気の存在することが前提であり、空気のない場所は、空間とはいえない。

1966年、国際法協会は、ヘルシンキ会議で、「領空主権は人工衛星の最低軌道までは及ばない」という決議案を採択した。航空と空気は密接不可分の関係にあるが、領空の上限（縦の範囲）は、航空の可能性を持って画されることとなった。領空の横の範囲は、下位国の領域との関係で決まる。国の領域は、その国の主権の下にある陸地と周辺の領海ということになる。領海は、基線（領海の幅を測定するために海岸に接して引かれた線）の外側12海里以内というのが最近の国際法の原則である。

3．シカゴ条約─空は自由のためのハイウェイ

（1）嵐のシカゴ会議─「オープンスカイ」vs「クォータシステム」

アドルフ・バーリ（Adolf A. Berle 1895-1971）は、米国の著名な法律学者、外交官であり戦後の国際航空システムの基礎を築いた人物である。バーリ教授は、ルーズベルト大統領（Franklin D. Roosevelt 1882-1945、大統領在任1933-1945）のブレーンとしても有名で、国際航空の礎を構築した1944年の国際民間航空会議（シカゴ会議）の米国首席代表であり、その会議の議長として全体を取り仕切る立場にあった。米国が招請国となった国際民間航空会議には、54カ国が参加し、バー

第11章　国際航空法

リ教授の「これまでの空は侵略の手段として使われてきました。しかし、今や空は自由のためのハイウェイに変わりつつあります。この会議は、その空を人々に奉仕するものに作り上げる絶好の機会であります」という挨拶で開幕した。

　バーリ教授は、1943年11月11日にホワイト・ハウスで開かれた会議にルーズベルト大統領の5人のブレーンの一人として出席していた。その会議は、戦後の航空システムの在り方を協議した重要なものであったが、大統領は、「国際的な航空輸送は、国家間の取り決めによって、航空機が自由に離着陸を行い、自由に旅客や貨物を運送できるようにするべきである。また、他の国へ向かう外国の航空機がその国の上空を通過することと、給油などの技術的な目的のためにその国に離着陸することも、互いに自由に認め合うべきである」と言っているが、これは、いわゆる「オープンスカイ」（空の自由化）の考え方である。米国首席代表であったバーリ教授は、ルーズベルトのこの考え方を背負って、シカゴ会議に登場したのであった。バーリ教授は、大統領の意向を受けて、シカゴ会議では終始「オープンスカイ」にこだわった。「多数の国が参加できる一つの国際協定を作り、参加した国の航空機が、路線を特定することなしに離着陸でき、国際運送を自由に行えるシステムを作ること」これが、その内容であった。

　一方、シカゴ会議のもうひとつの有力国である英国の考えは異なるものであった。「航空運送の自由がもたらす秩序のない競争は、人力、資力を無駄遣いし、歴史的な連関を無視する。それを避けるためには、国際協定によって航空会社の乗り入れ地点を特定し、輸送力を路線ごとに割り当て、その結果を監視する機関が必要である」と英国は考えた。この考えは、「クォータシステム」（割当制度）と呼ばれ、「オープンスカイ」の対立概念となった。英国が「クォータシステム」を主張した背景には、米国の大型航空機の強大な生産能力と、それに伴う米国による市場支配の懸念があった。

　英国の意見は、主に首席代表であったスウィントン卿（Lord Swinton）によって述べられた。スウィントン卿は英国の貴族で民間航空大臣の職にあったが、バーリ教授とは相性が悪く、この米英の首席代表同士の関係が悪いことが、米英の意見対立を増幅した側面もあった。両者の論戦は延々と続き、会議は一カ月近く経過しても収拾がつかないことから、批評家たちからは、"嵐のシカゴ会議"と呼ばれるようになった。米英対立の最終的な決着は、コリドー・トークス（議場外で調整が行われること）の中から妥協案が生まれ、その妥協案で対立をおさめる

ことになった。

　その妥協案とは、「オープンスカイ」については、「国際航空運送協定」（「5つの自由の協定」とも呼ばれる）として作成し、それとは別に、上空通過と技術着陸だけを認める「国際航空業務通過協定」（「2つの自由の協定」とも呼ばれる）を作ること、つまり、二つの協定を作り、どちらの協定に加入するかは、各国の選択に委ねることであった。このような妥協の結果、国際民間航空条約（シカゴ条約）を採択した。シカゴ条約は前文の他22章96条から成り、「第一部　航空」、「第二部　国際民間航空機関」、「第三部　国際航空運送」及び「第四部　最終規定」によって構成されている。今日の国際航空はシカゴ条約の基礎の上に構築されており、第二部が規定する国際民間航空機関（ICAO, International Civil Aviation Organization）は、国際航空の維持と発展を目的とする唯一の世界的な公の国際機関であり、1947年以来、国際連合の航空の分野における専門機関として活動を行っている。

　尚、1945年4月には、キューバのハバナ市で世界航空企業会議が開催され、その会議で世界航空会議を母体とする定期航空会社の国際組織である国際航空運送協会（IATA, International Air Transport Association）が設立された。

Key word　国際民間航空機関（ICAO）

　国際民間航空輸送の健全な発展を目的として、1944年シカゴで開催された国際民間航空会議において、国際民間航空条約（シカゴ条約）が作成され、1947年、同条約に基づき、国際民間航空機関が国連の専門機関の一つとして発足した。我が国は、1953年に加盟している。設立目的は、国際民間航空が安全にかつ整然と発達するように、また、国際航空運送業務が機会均等主義に基づいて健全かつ経済的に運営されるように各国の協力を図ることである。この目的のために、ICAOは、国際航空運送業務やハイジャック対策をはじめとするテロ対策等のための条約の作成、国際航空運送に関する国際基準、勧告、ガイドラインの作成等を行っている。また、国際航空分野における気候変動問題を含む環境保護についても議論及び対策が進められている。締約国数は、2018年4月現在、192カ国。本部はカナダのモントリオールにある。

Key word　国際航空運送協会（IATA）

　大多数の国際線を運航する世界各国の航空会社が加盟する国際団体。IATAの事業は加盟航空会社の適用運賃の作成・公示、及び各航空会社共通の便益の調査、推進

などである。尚、複数の航空会社による連帯運送の収入を分配するIATAの精算所（Clearing House）には、IATA非加盟の航空会社も参加している。2019年8月現在、120カ国290の航空会社が参加し、世界市場の82％を占めている。本部はカナダのモントリオールにある。

（2）領空主権

シカゴ条約の規定する諸原則のうち最も重要な原則は、領空主権に関する原則である。主権は、一般に国の統治権であるとされる。主権すなわち国の統治権の及ぶ範囲は国際法によって決まるが、シカゴ条約第一条は、「締結国は、各国がその領域上の空間において完全かつ排他的な主権を有することを承認する」と規定している。領空上の主権は一般に領空主権と呼ばれ、第一次世界大戦後は国際法の一般原則として認められており、1919年のパリ条約その他の条約にも同様の規定がある。従って、シカゴ条約のこの規定は、国際法上認められていた領空主権を確認的に規定したものであると解されている。

4．定期航空における運輸権

（1）第1から第9の自由まで

航空主権の意味は、いかなる国の航空機であっても、主権国の個別的、または包括的許可なしには、その国の領空を飛行することはできないということである。国際航空の発達のためには、いちいち個別的な許可を外国からとりつけるのは不都合であり、特に定期航空にとっては、包括的な許可をとりつけることが、その継続的かつ安定的な運営のために必要である。従って、「どのような範囲で、どのような内容の許可を外国からとりつけるか」が問題であり、1944年のシカゴにおける国際民間航空会議、さらに1946年のバミューダにおける米英航空会議においても論議の焦点であった。

「どのような範囲で、どのような内容の許可を外国からとりつけるか」については、その許可をとる手段として一般的に利用されるのが航空協定である。航空協定は条約の一種であり、それは、当事者の数により、多国間協定と二国間協定とに分類される。

シカゴ会議では、前述の通り、全ての当事国に同じ特権（privilege）を与え、その行使に同じ条件を適用する多国間協定の作成を望む米国と、航空企業の自主性を尊重しつつも過当な競争を排除するために、実績をもとにした輸送力の割り当てを可能とする協定の作成を主張する英国とが対立した。その背景には、戦争により経済的に荒廃した欧州と、戦争中、戦後と経済力が大きく台頭した米国との違いがあった。

　定期航空に関する運輸権については、それを5つに分類することが一般に行われている。これがいわゆる「5つの自由」(five freedoms)と呼ばれるものである。米国はシカゴ会議で、協定の当事国の間で相互に交換する特権として「5つの自由」を提案した。それを基礎に作成されたのが国際航空運送協定（「5つの自由の協定」）である。その第一条は、特権として5つの自由を次の通り規定している。（表11-1参照）

　第1の自由：他の当事国の領域を無着陸で横断飛行する権利
　第2の自由：運輸以外の目的のため、他の当事国の領域に着陸する権利
　第3の自由：航空機の国籍のある国の領域で積み込んだ旅客、郵便物及び貨物を、他の当事国の領域で下す権利
　第4の自由：航空機の国籍のある国に向かう旅客、郵便物及び貨物を、他の当事国の領域で積み込む権利
　第5の自由：第三国の領域に向かう旅客、郵便物及び貨物を、他の当事国の領域で積み込み、または、第三国の領域からの旅客、郵便物及び貨物を、他の当事国の領域で下す権利

　第1の自由は、他の国の領空を無着陸で通過するものであるため、「上空通過の自由」ともいわれる。日米の航空関係に例をとれば、日本の航空機が米国の上空を無着陸で通過し、メキシコに向かう場合、米国との関係で第1の自由に当たる。第2の自由は、運輸以外の目的、すなわち、航空機の給油や整備など技術目的のための着陸であるため、「技術着陸の自由」とも呼ばれる。第3の自由と第4の自由は、いずれも自国と相手国との間で貨客を積み込んだり、下したりするものであり、第3の自由と第4の自由では、運送の方向が異なる。日本の航空機が、東京で積み込んだ貨客をシアトルで下す場合は、米国との関係で第3の自由になり、

表11-1　5つの自由

第1の自由	他国の領空を無着陸で横断する権利 （上空通過） 自国　→　相手国	上空通過権
第2の自由	給油や整備など輸送以外の目的で他国の領域に着陸する権利 （技術着陸） 自国　→　相手国	技術着陸権
第3の自由	自国で積み込んだ貨客を相手国に輸送する権利 自国　→　相手国	運送権
第4の自由	相手国で積み込んだ貨客を自国に輸送する権利 自国　←　相手国	運送権
第5の自由	相手国とその以遠の第三国との間で貨客を輸送する権利。日本の航空機が、米国からの旅客を米国からメキシコまで輸送するのは、米国との関係で第5の自由になる。 自国　→　相手国　→　第三国	以遠権

シアトルで積み込んだ貨客を東京で下す場合は、第4の自由になる。第5の自由は、相手国と第三国との間で貨客を積み込んだり、下したりするもので、「以遠権」ともいわれる。日本に駐機する日本の航空機が、米国からの旅客を積み込みメキシコで下すのは、米国との関係で第5の自由に当たる。

　これら5つの自由の他、学説として第9の自由まである。（表11-2参照）第6の自由は、相手国から第三国へ向かう貨客を航空機の国籍のある国でいったん下し、再びその国の航空機に積み込んで第三国で下すものである。その逆もまた第6の自由になる。例えば、米国から中国に向かう旅客を、日本でいったん下し、再び日本の航空機に積み込んで中国で下す場合、米国との関係で第6の自由になる。第6の自由は、外形的には相手国との間の第4の自由と第三国との間の第3の自由、または、第三国との間の第4の自由と相手国との間の第3の自由をつな

表11-2　第6から第9までの自由

第6の自由	相手国から自国経由で第三国へ貨客を輸送する権利 相手国　⇄　自国　⇄　第三国	三国間運送
第7の自由	自国を経由しないで相手国から第三国へ貨客を輸送する権利（自国からの運送と独立して行われる点で、第5の自由と異なる） 相手国　⇄　第三国	三国間運送
第8の自由	自国から相手国への運送の延長線上において、相手国内で貨客を輸送する権利 自国　→　相手国A地点　　相手国B地点	タグエンド・カボタージュ
第9の自由	相手国内で貨客を輸送する権利（自国からの運送とは関係なく独立して行われる点で、第8の自由と異なる。） 相手国A地点　　相手国B地点	カボタージュ

げたものになる。第7の自由は、自国に関係なく、第三国間で貨客を積み込んだり、下したりする自由である。日本の航空機を米国に駐機させ、日本発着の運航はない状態で、米国とメキシコとの間のみで貨客の運送を行えば、日本にとって第7の自由になる。外形的に、第5の自由と類似しているが、自国からの運送と独立して行われる点で、異なっている。第8の自由と第9の自由は「カボタージュ」である。（カボタージュは、外国の国内線で運賃を収受し、貨客を運送する権利。第7章参照）第8の自由は、自国から相手国への運送の延長線上においての「カボタージュ」、一方、第9の自由は、自国からの運送とは関係なく、独立して行われる形の「カボタージュ」である。

（2）国際航空業務通過協定

シカゴ会議では、前述の通り、米国と英国が対立していたが、両者の主張を調整の結果、国際航空運送協定（「5つの自由の協定」）、また第1の自由と第2の自由だけを特権として認める国際航空業務通過協定（「2つの自由の協定」）の二つ

が多国間協定として採択された。国際航空運送協定は、米国を含む20カ国が署名したにもかかわらず、後に米国をはじめとする数か国が協定から脱退し、現在では全く実効性のない協定として残されている。それに比べ、国際航空業務通過協定は、112カ国が加入し、定期国際航空の運営に貢献している。我が国も1953年に加入している。

国際航空業務通過協定は、定期国際航空業務について、第1の自由と第2の自由、すなわち、上空通過の自由と技術着陸の自由を特権として相互に承認した多国間協定である。その第一条第一項前段は、特権について次の通り規定している。

各締結国は、定期国際航空業務に関し、他の締結国に対し次の自由を許与する。
1．自国の領域を無着陸で横断する権利
2．運送以外の目的で着陸する権利

＊本章は、主に坂本（1999）を基にしている。

主な参考・参考文献
坂本昭雄（1999）『新しい国際航空法』有信堂高文社。
坂本昭雄（2003）『甦れ、日本の翼』有信堂高文社。
日本航空広報部（2014）『最新航空実用ハンドブック―航空技術／営業用語辞典兼用』朝日新聞出版。

第12章　米国チャプター11（連邦破産法第11章）

1．チャプター11は米国の保護政策か？

　米国大手航空会社は経営破綻、再建を繰り返しているが、これまで唯一破綻を免れていたアメリカン航空が経営破綻し、2011年11月29日、米国連邦破産法第11条（日本の民事再生法に相当。通称：チャプター11）の適用を裁判所に申請した。過去にチャプター11を申請した主な企業は以下の通りである。

過去にチャプター11を申請した主な企業（太字は航空会社）：
① **USエアウェイズ**（2002年、2004年）
② **ユナイテッド航空**（2002年）
③ **デルタ航空**（2005年）
④ **ノースウエスト航空**（2005年）
⑤ ゼネラルモーターズ（2009年）
⑥ クライスラー（2009年）
⑦ **アメリカン航空**（2011年）
⑧ イーストマン・コダック（2012年）
⑨ **リパブリック・エアウェイズ**（2016年）
⑩ ウェスチングハウス（2017年）
⑪ シアーズ（2018年）

　チャプター11は、経営危機に陥った企業を対象にした法律で、債務免除、賃金カットなどのリストラにより再建の可能性がある企業に適用される事前調整型の再生手法である。全ての手続きは、裁判所の監督のもとで行われる。経営が悪化

した企業の再建を先送りせず、規律ある敗者復活を許容する土壌が背景にある。再建の見通しがたたない場合は、同じ法律の第7章（通称：チャプター7）が適用され倒産処理手続きを行う。チャプター11による経営の建て直しは、現経営陣で行うのが通常であるが、企業業績を悪化させた経営者の責任を不問にしかねない、つまりモラルハザードのまん延につながるとの批判もある。経営を悪化させた張本人が経営の椅子に座り続けることは、日本人の感覚からは受け入れがたいものであるが、米国では、倒産しかかったからといって簡単に敗者のレッテルを貼らない方が良い、むしろ失敗は良い経験であるとの考え方がある。

> **Key word** モラルハザード
> 　本来は保険用語。保険加入で安心し慎重さを失うことから、かえって危険事故の発生する確率が増大することを指す。近年では転じて企業経営者の経営倫理の欠如を指すことが多い。

　一方、企業の国際競争の観点からはチャプター11の異なる側面が浮かび上がる。米国では航空事業は国の最重要産業で長年にわたり政府は手厚い保護を続けている。2001年9月11日の同時多発テロ発生時に政府は、航空会社に対する直接的な支援[1]として150億ドルの助成を行っている。2000年代に入り、米国の全ての大手航空会社に対し、チャプター11が適用され、これらの航空会社は債務が大幅に免除されるなど公的支援を受け再生している。このような手厚い支援策により、米国航空会社は国内市場において企業体力を温存し、厳しい競争状態にある国際線市場で有利にビジネスを行うことが可能になる。米国にとって、グローバル市場において活躍する主要プレイヤーを、簡単に市場から退場させることは国益の観点から必ずしも得策ではないとの考え方が、チャプター11の背景には存在する。
　過去の申請企業が示す通り、多くの企業がチャプター11を申請し、その後復活している。中には、申請以前よりも業績の良くなる企業もあり、外国からは経営危機に陥った企業を救済する保護政策だと批判されている。チャプター11の主な特徴は以下の通りである。

---

1) 直接的な資金援助は50億ドル、航空会社の融資に対する政府の信用保証として100億ドルの支援がなされた。（『日本経済新聞』朝刊、2001年9月22日）

第12章　米国チャプター11（連邦破産法第11章）

チャプター11の主な特徴：
①原則として旧経営陣がそのまま経営しながら、借入金の整理や労務費削減（リストラ）などを盛り込んだ再建計画を申請後120日以内に作成する。
②再建計画作成時は銀行などから「つなぎ融資」を受けることも可能である。
③申請と同時に債権者の担保執行は差し止められる。
④事業を継続しながらの再建であるため、企業のイメージダウンも比較的少ない。
⑤債権者の過半数かつ債権額の３分の２以上の賛成で承認される再建計画は裁判所が認可する。
⑥再建時の企業に対し比較的手厚い融資が実行される。

２．破産法におけるコスト（救済資金）とベネフィット（便益）の比較

　我が国のバブル崩壊時、経営危機に陥った銀行の救済のために政府は数十兆円の資金を投入した。また、2011年３月の福島原発事故後、東京電力に対して多額の資金を投入し続けた。これらの資金投入に対しては、銀行も電力会社も自己責任であって、多額の公的資金投入は不適切だとの声があがった。米国企業においても社会から批判の声があがることがある。このような大規模企業救済への大衆の怒りや批判は当然のことであり、破綻した企業が市場から退場するのは資本主義の基本的なルールであるとの考え方も一理ある。しかし、一方で、社会におけるコスト（救済に必要な資金）とベネフィット（便益）の比較を行う必要もある。救済資金を投入しなかった場合の社会におけるマイナス面（連鎖倒産、大量の失業、重要なインフラの破壊など）と、投入金額を比較して、社会全体で判断することになる。

３．復活後に、チャプター11の本質がある

　前述の通り、チャプター11は、日本の民事再生法に相当するが、破綻企業を公的資金で救済するという構造であるが故に、その救済に対する社会の様々な評価が存在する。この破産法は、「敗者復活を許す」との考え方に支えられているが、復活を果たした企業の活動の自由度に関しては日米で違いがある。例えば、2009年、JALの経営悪化が表面化した際に、複数の米国大手航空会社が救済に名乗りをあげた。（表面的には、「JALを救済したい」とのことであったが実際には、

表12-1　主要国における航空会社の外国資本所有制限

国	外国資本が所有できる上限
カナダ	議決権のある株式は25％未満。エア・カナダは、単一資本の最大限保有は15％
米国	議決権のある株式は25％未満
中国	49％（単一資本では25％が上限）
日本	3分の1未満
EU	EU以外からの出資は上限49％（EU内からの出資は規制無し）

出所：各国関連資料から筆者作成。

資本投入で、JALを傘下に置きたいとの意図であったことは明らかであった）注目すべきは、救済に名乗りをあげた米国の大手航空会社は、（JAL破綻後に、チャプター11を申請したアメリカン航空を除けば）チャプター11で公的な支援を受けた後の再建段階で、厳しい財務状況であることにもかかわらず、JALへの資本注入に挑戦してきたのであった。このチャプター11後の再建過程の動きに、チャプター11の本質がある。つまり、チャプター11で復活後は通常のビジネス活動に即戻ることを前提としている。その意味では、チャプター11は、資本主義経済の中で生き抜くための知恵であり手法なのである。

　JALの破綻後の動きは、このような米国航空会社の動きとは異なるものであった。2010年1月の破綻後、2017年3月まで、積極的な経営活動の自粛が求められた。JALの破綻原因は外部要因が大きいが、公的な救済を受けた以上、7年間もの間、積極的な経営活動は自粛すべきであるとの政策上の判断は合理的なものなのであろうか。米国の企業がチャプター11適用後、以前よりも勢いを増して復活し、市場で積極的に経営活動を行っていることを考えれば、法律の構造は似ていても、破産法適用の背景にある日米の意図は大きく異なるように見える。

4．航空事業の公益性と外資規制

　航空事業がもたらす広大な輸送ネットワークは、社会の重要なインフラを形成しており、その安全性、利便性、快適性、経済性（適正な価格であること）、持続性は重要な要素である。航空事業は国家の社会経済活動を支えると同時に、安全保障の観点からも非常に重要で、その事業の性格から外国資本の所有には制限が設けられている。例えば我が国の航空法では、外国資本による航空会社の持ち

株比率は3分の1未満に、米国の場合は25％未満に制限されている。主要国における外国資本所有の制限は、表12-1の通りである。外資の法的規制は、交通、エネルギーなど公益事業に対しては安全保障の観点から維持する必要はあるものの、外国からの投資による経済成長の追求をどの程度考慮するかなど判断の難しい側面もある。

主な参考・引用文献
堀内秀晃・森倫洋・宮崎信太郎・柳田一宏（2011）、「アメリカ事業再生の実務—連邦倒産法Chapter11とワークアウトを中心に」、金融財政事情研究会。

第13章　航空管制

1．フラッグマンの登場

　第一次世界大戦後の欧州、さらに米国においても、航空輸送が本格的に開始された。多くの航空機の離着陸が行われるようになると、安全確保のために、飛行場における交通整理が必要になり、そこで登場したのが"フラッグマン"であった。フラッグマンは、滑走路の端に立って、風向きを知らせ、また赤と緑の信号用の旗を使い分け、「着陸 OK」、「スピードを上げろ（下げろ）」など様々な指示をパイロットに送った。

　1930年代に入ると、航空輸送はさらに発展し、フラッグマンだけでは対応できなくなり、格納庫の上などに管制塔を作り、無線電話やライトガン（light gun）を使用するようになった。ライトガンとは様々な色の光線をパイロットに向けて発射する信号灯である。初期の無線電話は聞き取りにくいものであったが技術の向上によって、管制塔と滑走路上の航空機の間で、無線電話を使った管制が現在に近い形で行われるようになった。一方、電波を発する無線標識（ラジオビーコン）が開発され、その電波をたどることで地上の目標物が見にくい悪天候でも目的地にたどりつける、いわゆる現在の計器飛行の初期方式が開始された。

2．飛行方式

（1）有視界飛行方式

　航空機は、初期の段階では、パイロットは地上の目標物を自分の目で見て位置を判断し、また山や雲などの障害物を避けて飛行していた。つまり、パイロットの目視に頼って飛行する有視界飛行であった。現在においても、遊覧飛行、写真

撮影、農薬散布のための飛行などは通常有視界飛行で行われる。尚、有視界飛行は、気象状況により制限されることから、有視界飛行が許される状態を「有視界気象状態」と呼ばれる。

（2）計器飛行方式

航空機が進歩し、管制塔など地上の航行援助施設の発達や航空機の様々な計器の装備により、パイロットは地上の目標物を目視しなくても、操縦室の計器を頼りに飛行できるようになった。我が国の航空法では、計器のみに依存して行う飛行を「計器飛行」と定義、また常時、管制官の指示に従って行う飛行を「計器飛行方式」と定義している。計器飛行方式では、機体が雲の中で全く外が見えない状態であっても、計器によって現在位置や高度を正確に把握し、管制官の指示によって、他の航空機や山などの障害物を避けながら安全に飛行を行うことができる。今日では、雲一つない晴天下であっても、定期便は全てこの方式で運航されている。尚、前述の「有視界気象状態」の基準を満たさない気象状態は、「計器気象状態」と呼ばれる。

3．国際条約と航空交通業務

第一次世界大戦が終わった1919年に、航空機の国際間の飛行に関する秩序を確立するための国際航空条約（パリ条約）が締結された。しかし、航空の著しい進歩によりパリ条約は実態にそぐわないものとなり、1944年には、新たな国際民間航空の秩序について協議するため54カ国が参加しシカゴで会議が開催された。この会議では、国際民間航空条約（シカゴ条約）を制定し、国際民間航空機関（ICAO, International Civil Aviation Organization）の設立を定めた。ICAOは、国際民間航空輸送の安全と秩序ある発達の促進を目的とする国際連合の専門機関である。ICAOは、航空機の運航を地上から支援する業務を航空交通業務（ATS, Air Traffic Services）と呼び、その目的を以下のように規定している。

①航空機相互の衝突を防止すること、②飛行場走行区域内にある障害物と航空機の衝突を防止すること、③航空交通の秩序ある流れを維持、促進すること、④安全かつ効率的な飛行に有用な助言及び情報を提供すること、⑤捜索救難の援助を必要とする航空機について適当な機関に通知すること、そして必要な場

合は、その機関の援助をすること

4．我が国の航空管制

(1) 第二次世界大戦後の占領期

　我が国の航空管制は、第二次世界大戦後、駐留米軍が日本各地の空港に基地を設け米軍によって本格的な管制業務が開始された。米軍から、我が国運輸省（現在の国土交通省）へ空港における管制権が移管されたのは、大阪国際空港（伊丹）が1957年、東京国際空港（羽田）が1958年、また我が国航空管制の中核である東京センター（現在の東京航空交通管制部）へ管制業務が移管されたのは1959年であった。

　管制業務移管後、高々度管制など新しい方式導入が検討され始めた。高々度管制とは24,000フィート[1]以上の高度で飛行するジェット機を、24,000フィート未満で飛行するプロペラ機と分けて管制する方式である。1950年代に登場したジェット機は、エンジンの出力も大きく平均時速900km前後の速度で飛行する。時速400km程度の従来のプロペラ機とは飛行ルートが異なることから、1962年に、はじめて高々度管制が実施された。一方、レーダーを利用した航空管制の効率化も進展した。1964年には羽田に空港監視レーダーを設置、1965年には、箱根に日本初の航空路監視レーダーが設置された。

(2) 航空機事故と航空保安システムの抜本的見直し

　1966年に、我が国において短期間に3回もの航空機事故が起こった。2月4日の全日空のボーイング727型機の東京湾墜落事故、3月4日のカナダ太平洋航空のDC-8型機の羽田空港での事故、さらに3月5日の英国海外航空のボーイング707型機の富士山二合目付近への墜落事故であった。この3連続事故は衝撃的なもので、航空保安のための具体的方策が検討され、第一次空港整備五か年計画が策定された。これに基づき、1966年から1971年までの5年で実施された主な安全対策は以下の通りであった。

1）1フィート＝約30cm

①大型ジェット機から小型機（写真撮影、農薬散布等も含む）まで全ての航空機を航空管制の対象とする。
②航空路監視レーダーを、箱根に加え三郡山（さんぐんさん、九州北部空域）にも設置。空港監視レーダーを東京及び大阪の両国際空港に加え全国7空港に設置。
③航行援助施設として方位及び距離情報の取得が可能な「超短波全方向式無線施設」を全国17カ所に設置。

このように、我が国の航空保安体制の整備が進んだが、高度経済成長期の航空需要の伸びは、それを上回るペースで、羽田の発着回数が管制能力を超えていると判断し、運輸省から各航空会社に減便の要請を行ったこともあった。航空輸送の成長は著しいものがあったが、1971年に航空自衛隊機と全日空機が空中衝突するという衝撃的な事故が起こった。この事故がきっかけで下記の新たなルールが制定された。

①航空路と訓練空域の分離
②雲上有視界飛行の禁止
③特別管制区の拡大及び新設
　次の15カ所の管制区が特別管制区として公示され有視界飛行は禁止された。
　千歳、三沢、仙台、成田、東京、名古屋、中部、大阪、関西、神戸、高松、福岡、宮崎、鹿児島、那覇
④防衛庁に対する運輸大臣の権限強化

（3）レーダー管制

航空管制近代化の中心はレーダー管制であった。レーダーは主に飛行中の航空機の位置と高度を把握するために用いられる。国土交通省航空局レーダーサイト（地上固定局）には下記の通り空港監視レーダー、二次監視レーダー、空港面探知レーダー、精測進入レーダー、航空路監視レーダー、洋上監視レーダーがある。

> **Key word** レーダー（RADAR）
> レーダーは、Radio Detection and Ranging の略語で、無線で方位と距離を測定する

探知機との意味であるが、現在は、レーダーという呼び方が普通名詞になっている。レーダーは、無線電話とともに航空管制の重要なツールである。レーダーの原理は、電波を空中に発射して反射物体にあたって戻ってくる電波を受信するもので、戻ってくるまでの時間を測定すれば、電波の速度はわかっているので、目標物までの距離を知ることがある。

空港監視レーダー

空港から60マイル以内の空域にある航空機の位置を探知し、出発する航空機や進入する航空機の誘導、航空機の管制間隔の設定など、ターミナルレーダー管制に使用される一次レーダー。

二次監視レーダー

航空機に搭載した無線設備であるATCトランスポンダーと交信して、便名と高度を得る二次レーダーである。ATCとは航空交通管制（Air Traffic Control）のこと、トランスポンダー（Transponder）は、transmitter（送信機）とresponder（応答機）の合成語で、受信した電気信号に応答をしたり、中継送信したりする機器の総称。

空港面探知レーダー

空港地表面の航空機や車両等の動きを監視する。非常に短い波長の電波を利用した高分解能レーダーで、レーダースクリーン上には航空機の形がはっきりと現れる。低視界のときや夜間の管制業務に使用する。

精測進入レーダー

最終進入状態にある航空機のコースと正しい降下路からのずれ及び接地点までの距離を測定し、その航空機を着陸誘導するために用いられるレーダー。

航空路監視レーダー

航空路を飛行している航空機の誘導と間隔設定に使用するレーダー。

洋上航空路監視レーダー

沿岸部分の空域において、洋上の航空路を飛行している航空機の誘導と間隔設定に使用するレーダー。

5．航空管制の流れ

（1）航空管制の業務（空の交通整理）

　航空管制とは、空の交通整理で、我が国では国土交通省航空局が航空機航行の規則を定めている。航空管制を担う航空管制官は、航空交通管制業務、飛行情報提供業務、緊急業務に関わっている。航空交通管制業務は以下の3つの業務に分けられる。

①飛行場管制業務
　空港の管制塔の最上階にある飛行場管制室（コントロールタワー）で行われる業務で、空港やその周辺を飛行する航空機、地上で誘導路と滑走路上を移動する航空機（航空機の地上走行はタキシングと呼ばれる）、車両などの管制を行う。空港から半径約9km、高度900m以下の範囲が管制の対象になる。コントロールタワーは360度の全面ガラス張りで、ここでは主に目視による管制が行われる。

②ターミナルレーダー管制業務
　主な国際空港には、離着陸で混雑する空港周辺のスムーズな流れと安全確保のため、管制塔の中にターミナルレーダー管制所が設けられている。この管制所は、飛行場管制の目視による方法とは違ってレーダー機器を駆使して空港から離れた位置にいる航空機に進路や高度を指示する。ターミナルレーダー管制によって、離陸した航空機を目的地別に最も適したルートで空の航空路へ誘導、着陸する航空機には着陸待ちがないよう最短のコースを指示する。これにより燃料消費や航空周辺の騒音を抑える。空港によって範囲が異なることもあるが、対象は、飛行場管制範囲外で、空港から100km以内、高度4,300m以下に位置する航空機である。この管制は、飛行場管制と航空路管制の間を担当するものである。

③航空路管制業務
　ターミナルレーダー管制によって航空路に入った航空機は、航空路管制を行っている航空交通管制部（ACC，Area Control Center）の管制下に入る。航空交通管制部は、航空路監視レーダーの画像で航空機の位置を把握し、航空機と航空機の安全な間隔を管制する。我が国には、以下の4つの航空交通管制部がある。
　●札幌航空交通管制部（札幌ACC、北海道札幌市）　●東京航空交通管制部（東

第13章　航空管制

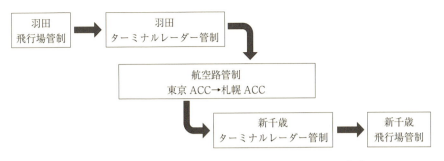

図13-1　羽田空港から新千歳空港までの管制のリレー方式

京 ACC、埼玉県所沢市）●福岡航空交通管制部（福岡 ACC、福岡県福岡市）●那覇航空交通管制部（那覇 ACC、沖縄那覇市）

（2）飛行場管制、ターミナルレーダー管制、航空路管制のリレー方式

　航空路を飛行してきた航空機は、目的空港が近づくと、航空路管制の管制官から、ターミナルレーダー管制所の進入管制官に管制が引き継がれる。進入管制官には、着陸する航空機を航空路管制と管制塔の飛行場管制との間を「標準計器到着方式」で、効率よく飛行させる役割がある。進入管制官は着陸機の位置を把握すると同時に、着陸機に順番をつけて、空港の滑走路に向けて誘導する。空港に到着する航空機はいろいろな方面から飛行してくるので、進入管制官は、着陸の順番をつけながら、安全間隔を維持して一本の着陸ルートに乗せるよう誘導し、所定の位置に達すると、飛行場管制の管制官に引き継ぐ。飛行場管制に引き継がれ、管制塔の管制官の目で見えるようになってきた着陸機に対し、管制官は着陸許可を出し、計器着陸装置（ILS, Instrument Landing System）に乗った着陸機を監視する。ILSとは、着陸のために進入中の航空機に対し、滑走路への進入コース及び高度を指示する無線着陸援助装置のことである。滑走路に着陸後は、地上管制を担当する管制官が誘導路を通って空港ビルの到着スポットまでを誘導管制する。

　近年国際線も国内線もフライトは計器飛行方式で行われているが、これを航空管制が支援している。前述の通り、航空管制は、離陸から航空路まで、また航空路から着陸まで3つの段階（飛行場管制、ターミナルレーダー管制、航空路管制）に分けられ、これらのリレー方式で全行程の管制を行っている。図13-1は事例

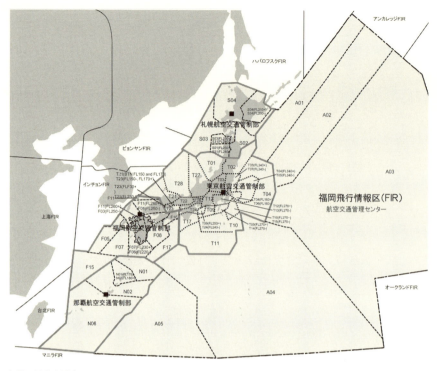

出所：国土交通省。

図13-2 我が国が分担する飛行情報区（FIR）

として羽田空港から新千歳空港までの管制のリレー方式を図式化したものである。

6．飛行情報区（FIR）

　飛行情報区（FIR, Flight Information Region）は、国際的に取り決められた空域である。これはICAOが、航空交通業務を提供する各国の分担を定めた空域で、領空とは別のものである。（領空は領土、及び沿岸から12海里までの領海の上空で国家が領域権を有している空間。1944年の国際民間航空条約は、締結国がその領域上の空間において、完全かつ排他的な主権を有する旨を規定している。）

　我が国は、図13-2が示す通り、福岡FIRを担当しており、この洋上管制は、航空交通管理センターが行っている。航空交通管理センターは、福岡県福岡市にある国土交通省の組織で、札幌、東京、福岡、那覇の航空交通管理部の航空路監視

レーダーがカバーする範囲外の太平洋上の管制を担当している。

主な参考・引用文献
中野秀夫（2014）『航空管制のはなし　七訂版』成山堂書店。
藤石金彌（2014）『カラー図解でわかる航空管制「超」入門　安全で正確な運航の舞台裏に迫る』SBクリエイティブ。

第14章　**就活成功のヒント**

1．本章の目的

　大学で講義を開始した頃は、授業後は主に授業に関する質問を受けていた。学生の中には、筆者が企業勤務をしていたことを知っているせいか、就職活動に関する質問もあった。就活の相談への対応には躊躇することもあったが、早い段階で考え方を変え、現在では就活の相談も積極的に受けている。考え方を変えたのは、昨今の就職活動が大変厳しいものであることに気づいたからである。その当時受けた質問で、現在でも忘れられないものがある。授業後数名の学生から質問を受けていたが、一人の学生から、「私が何故入社試験に通らなかったかわからないので説明してほしい」と問いかけられた。初対面の学生からの突然の質問であったが、学生の雰囲気から少し時間がかかると思ったので別の学生の短い質問を受けた後に話をきくことにした。その授業は4時限（16時30分終了）で、幸いその後授業がなかったので丁寧に話をきくことができた。学生の話を要約すると、「私は、これまで真面目に勉強してきて成績も良い。就活も真面目に頑張った。しかし、私は不採用だった。私の何が悪かったのか教えてほしい」とのことだった。その学生の眼は自分を採用しなかった企業の面接官への抗議の怒りを秘めているようであった。一通り話をきいた後で、面接での受け答えなどを中心に質問しながら、「課題があったとしたら、このようなことではないですか」とできるだけ具体的に解説した。相談が終わったのは2時間後であったが、今でも、その学生の顔が忘れられない。悲しさと納得がいかない気持ちが共に表情に表れていた。真面目で優秀であるだけに就活で適正な戦略と工夫があれば、希望の会社に合格していた可能性もあると感じた。ほぼ全ての学生にとって、就活は人生最初の厳しいチャレンジである。学生に対して何か就活やキャリア形成のヒントを提

案し、彼ら彼女たちの行動に新しい変化を起こすことができれば辛い思いをする機会を減らすことができるのではないかと考えたことが、"キャリア理論"の研究を開始したきっかけの一つである。そして、一人30分の個人面談を研究室で実施することにした。多い時は、一週間10人、年間で約300人の個人面談を行った。その結果日々時間に追われることになったが、現代の若者を知る機会になった。この個人面談を通して接した学生は、1000人を超えた。

　このような経験を踏まえ、授業後に学生にアドバイスしている内容をまとめた本が『急変する世界下のエンプロイアビリティ―豊富な事例から導くキャリア形成のヒント』(2018年4月発行、丸善プラネット)である。本章は、この本から航空会社の就活に関係があると思われる部分を抜き出したものである。

2．客室乗務員やGSにとっての重要な資質

　航空会社の職種は、パイロット、整備なども含め多岐にわたるが、下記は、客室乗務員、グランドスタッフに必要な資質と考えられるものである。(大手航空会社の複数の社員、管理職、指導教官経験者からのアドバイスを参考にまとめたもので、特定の航空会社のものではない)

客室乗務員：
❶洞察力、想像力
　見て、感じて、"先読みのサービス"ができること。お客様のことを想像しサービスの先を想像し行動できること。自分の発する言葉や他の乗務員への働きかけなどが、どのような結果につながるかを常に想像しながら仕事ができること。何気なく発してしまった言葉でお客様を激怒させることもあれば、一言でお客様が笑顔に変わることもある。また、一つの行動が他の乗務員に迷惑をかけることもあれば、ナイスアシストになることもある。
❷協調性、チームワーク
　客室の仕事は乗員全員がチームでする仕事。個別の情報を逐一報告し全員で情報を共有することが大切である。
❸健康で体力があり明るいこと
　自分自身が健康で体力がないとお客様への良いサービスはできない。体調が万全でないと良いサービスをしようとする意欲がわかない、また明るく振舞うこと

第14章 就活成功のヒント

もできない。

❹自己管理力

　国際線は時差調整が不可欠なので体調管理、健康管理が重要。想像以上に体力が必要である。

❺人が好きで、人に興味を持ち、気づきがあり、そして行動できる

　"良いサービスとは何か？"については、サービス産業の中でも様々な教訓がある。例えば、頼まれる前に、お客様の要望を察知して行動に移す"先読みのサービス"は、その代表的なものである。後述の事例研究「神様と同じくらいの超一流サービス"一粒のぶどうの物語"」は、超一流サービスの物語である。

❻人間関係の潤滑油

　乗客に堅苦しい印象を与えず、くつろいでいただける雰囲気を作ることができる。言い換えれば、人間関係の潤滑油を生み出す能力を身に着けていること。就活上級者たちは、このことを十分理解していて、様々な世代の人たちと会話ができるようアルバイトなどを有効に利用し練習している。特に普段から意識して、目上の人たちと「ちょっとした世間話」（スモールトーク）の機会を持つことは大変役に立つ。

> **Key word**　スモールトーク
>
> 　スモールトークとは英語社会では特に重要なもので、日本語で言えば、世間話のようなものである。コミュニケーションはスモールトークから始まると言っても過言ではない。人は、通常「自分の話をきいてほしい」と考えているので会話を通して、相手を受け入れてあげれば、それが人間関係の潤滑油になる。スモールトークを実践していれば、単にコミュニケーション能力が高まることに止まらず、人間関係が良くなる魔法の方法である。スモールトークを成功させる秘訣は、以下のようなものがある。「相手の名前を覚え、相手の名前を呼ぶ」、「相応しい話題は、相手のこと（例えば、相手の服装を褒める）、休暇、天気、一般的な時事問題など」、「あいづちを打つ」、「相手が嫌がる話題は避ける」、「健康や金銭面などの深刻な話題は選ばない」

❼会話力

　常に世の中の動き、情報をキャッチして、会話の引き出しをたくさん作っておく。

❽仕事を組み立てる力（フライトを作り上げる）
　飛行時間は短距離から長距離まで様々で、路線によりサービス内容、客層が異なるため。フライトごとのタイムスケジュールを組み立てられること。
❾料理やワインの知識
　機内の食事や飲み物のサービスは乗客にとって重要である。よって、食べ物や飲み物（ワインなどのアルコール飲料も含む）の十分な知識が必要である。
❿保安要員
　航空機の安全性は、時代とともに飛躍的に向上しているが、保安要員として、お客様の命を守る役目は最も重要なことである。

■事例研究　客室乗務員の主な仕事
①保安業務
　代表的なものは、第一にお客様の安全確認（シートベルトが適正に締められているか、ギャレイのロックがかかっているか等）、第二に客室内安全監視（キャビンパトロール）である。例えば、不審な手荷物はないか、機内で使用してはいけないものが使われていないか、異臭・異音・火・煙など異常なことが発生していないか等を監視する。第三に緊急時の対処である。
②機内サービスの提供
　事前のブリーフィング、個別情報収集、関係部署との連携に基づき、客室乗務員は、リレーのアンカーのように、社員全員で積み上げてきた役割を最後に引き継ぎ、お客様に最善のサービスを提供する。
③マーケティング
　サービス提供や機内販売を通して、旅客の要望、意見などを収集し、商品開発やサービス改善のための材料を関連部署にフィードバックする。

グランドスタッフ：
❶タイムマネジメント
　航空輸送にとって定時性は非常に重要である。空港のスタッフは、絶えず時間を頭に入れて仕事をすることが求められる。
❷信頼感があり、相談しやすいこと
❸マルチタスク
　空港での仕事は忙しく、複数の仕事を手際良くこなす必要がある。

第14章　就活成功のヒント

❹判断力と行動力

とっさの判断ができ、すぐ行動に移せること。

❺チームワーク

客室乗務員と違って次の担当者に仕事を引き継ぐ場合が多い。よって、確実に仕事を引き継げる丁寧な仕事が求められる。グランドスタッフは、空港内で働く全スタッフとのチームワークも重要だが、次に仕事を引き継いでくれるスタッフとのチームワークも重要である。

❻明るく前向きで強い意志をもっていること

限られた時間の中で、お客様への難しい対応を迫られることも多い。

❼勉強熱心で業務知識をいつも学んでいること

航空輸送の規定は変わることが多い。よって最新の業務知識を身に着けておく必要がある。

■事例研究　神様と同じくらいの超一流サービス　"一粒のぶどうの物語"

　これは、余命短い少女と父親の実話である。3月になり、医師が父親に「もう、なんでも好きなものを食べさせてあげてください」と言った。父親が少女に聞くと、「お父さん、ぶどうが食べたいよ」と小さい声でつぶやいた。3月といっても季節はまだ冬。ぶどうはどこにも売っていない。父親は東京中の店を必死でさがしたが、どこのフルーツ売り場にも売っていなかった。最後に訪ねたのは日本橋の高島屋であった。「あのー、ぶどうは置いていませんか」と祈るような気持ちで尋ねた。「はい、ございます」と、店員は綺麗に箱詰した巨峰を見せてくれた。しかし、父親は立ちすくんでしまった。何故なら、その箱には数万円の値札が付いていたからである。入退院の繰り返しで、お金は底をつきつつあった。父親は必死の思いで、「一粒でも二粒でもいいので、分けてもらえませんか」と話した。事情を聞いた店員は、黙って箱をあけ20粒程を小さな箱に入れ、綺麗に包装し差し出した。「どうぞ、二千円でございます」震える手でそのぶどうを受け取った父親は病院へ飛んで帰った。少女は、痩せた手で一粒のぶどうを口にいれ、「お父さん、おいしいね」と言った。そして間もなく、静かに息を引き取った。父親から、この話を聞いた医師は、新聞のコラムに「私たちに神様と同じくらいの力を貸してくれたフルーツ売り場の方に心から御礼を言いたい」と書いた。

図14-1　学校の先生にとって一番大事なことは？

■事例研究　史上最短の就活

　過去に一度だけ、非常に短い準備期間で成功を勝ち取った学生に出会ったことがある。この成功の背景には、以下のようなストーリーがあった。

　数年前、高校教諭退職後、大学で中学や高校の先生を目指す学生を指導している方の指導の様子を見学させていただく機会があった。授業の最後に、「学校の先生にとって一番大事なことは何ですか？」と学生たちに質問した。学生たちは、「知識」、「話し方」などと回答していたが、その先生は、「もし、学校の先生に生徒たちへの愛情がなければ、良い教育ができますか？」と次の質問を投げかけていた。そして、学生たちの沈黙の後に、「学校の先生にとって一番大事なことは、生徒に愛情を持っていること。愛情をもって生徒を大切な存在だと考えないで良い教育などできない」と解説しておられた（図14-1）。

　3年ほど前、授業終了後、いつものように学生から質問を受けていると、一人の学生から就活についての相談があった。「来月、JALのCA（客室乗務員）の面接があるのですが、アドバイスをいただけませんか」とのことであった。それまで、個人的な事情から卒業後すぐに就職しないつもりだったが、突然事情が変わって、就職すると決めたのは最近のことで、CAを目指しての準備はしていないという。英語の資格等を聞いてみると、それほど高い点数ではなかった。筆者のそれまでの就活指導の経験から、この学生の合格は難しいと思われたので、それを婉曲的にどう伝えようか迷っていると、学生は、それを察したのか、「何でもアドバイス通りにしますから、是非お願いします」とさらに熱心に頼んできた。少し間をおいて、三度目の依頼もあった。（この時、"三顧の礼"という言葉が頭に浮かんだ。"三顧の礼"は中国の三国時代に由来する故事成句の一つ。劉備が諸葛亮を迎える際に三度訪ねたとする故事に由来する）そこまで言うならと考えなおし、「少し難しい注文をするかもしれないけれど、その通りにしますか？」と念を押した。「絶対言われた通りにし

ます」と真剣であった。

　この時、ふと元高校の先生の言葉「学校の先生にとって一番大事なのは、生徒に愛情を持っていること。愛情をもって生徒を大切な存在だと考えないで良い教育などできない」が頭に浮かんだ。そして、この真理が就活にも活かせるかどうか試してみようと考えた。学生には、まず、教員志望の学生に対するエピソードを話し、それを企業の面接に応用してみようと提案した。そして、「私は、お客様に対して、心から感謝と愛情をもって最高のサービスができる」ことを面接の軸にするようにアドバイスした。そして、面接まであまり時間はないが、たった今から、家族やこれまで支えてくれた周囲の人々に対して、100％の感謝と愛情をもって接することができるよう全力で自分自身を創りかえるようにアドバイスした。

　三週間ほどして、その学生から合格の報告があった。全力で自分自身を創りかえるために必死で努力したとのことであった。面接では、「私は、お客様に対して、心から感謝と愛情をもって最高のサービスができます」と訴えた。内定をもらった時は本当に嬉しかったが、家族や周りの友達たちから褒められるどころか、「ずるい、要領が良すぎ」などとあきれられたと説明してくれた。

3．成功の秘訣—シナリオプランニング

　シナリオプランニングとは、「起こり得る複数の未来」の全てを想定し、各シナリオに対し適切な対応策を準備し目的実現を目指すことである。シナリオプランニングは元来就活成功のための理論ではないが、就活にも役立つと考え本節で取り上げることにした。

　その原点は、第二次世界大戦後の米空軍の軍事計画研究に遡る。初期のシナリオプランニングは、予測を立てて、それを管理するという古典的なプランニング手法にすぎなかったが、その後、方法論が進化し、ビジネス戦略の手法としても活用されるようになった。未来に何が起こるのかを事前に検証し、複数の未来のストーリーをシナリオとして整理しておくのである。起こり得る可能性を全て網羅しているので、何が起こっても最悪の事態を回避し最善の方法でその状況に対応することができる。シナリオプランニングは、不確実な未来に対応する重要な手法であるが、米国で進化したのは、第二次世界大戦後も継続して戦争を前提とする国家安全保障体制を維持する必要があったからである。一方、日本で重視されなかったのは、第一に、国の安全保障を米国に依存する体制であったからであ

る。第二に、プラグマティックな考え方が重視される米国と、プラグマティックというよりは、関係者のコンセンサスを重視し多数意見に引っ張られる形での決定が一般的な日本との違いが両国のシナリオプランニングの進化に違いをもたらしたと考えられる。

　一般的な未来予測とシナリオプランニングは大きく異なる。一般的な未来予測は、より高い確率で起こると考えられることに重点をおいて未来予測を行い確率が低いものは予測の対象から外される。計画者自身が望む未来を想定し計画をたてることもある。このような未来予測は大きな欠陥がある。何故なら未来を100％予測することは不可能で、確率が低い可能性もカバーして予測をし、その準備をしておかないと悲惨な結果をもたらすからである。

　就活生にとって、就活の未来は不確実なことで溢れている。ほとんどの学生にとって、本格的な企業の面接やグループディスカッションは初めてのことである。年齢の違う大人と会話をする機会も、これまでほとんどなかった学生もいる。当日の天候や、電車が時間通り運行されるかどうかも完全に予測することはできない。さらに、自分が第一志望だと考えている企業は、企業のイメージを追いかけていただけで、直前になって自分自身が心変わりする可能性さえ否定できない。また、家族の意向も就活を変化させる。学生本人は第一志望に向かって準備を進めていても、最終段階になって、家族から違う選択肢をすすめられることもある。就活とは、学生にとって不確実性との戦いなのである。

■事例研究　何故起こってほしいことだけを想定するのか？

　人は様々で、将来起こってほしいことだけを想定する人もいれば、悪いシナリオも想定できる人もいる。人だけではなく、組織も同様である。国力が大きく違った米国と太平洋戦争を戦った時、敗戦の可能性を想定した人は少数派であった。同時に、敗戦のことを口にすると周囲から厳しく糾弾された。悲惨な敗戦の結果を考えれば、その少数派の人が想定したことは正しく、敗戦に向かうシナリオも想定しておくべきだったのである。悪いシナリオを想定すること自体が、悪い結果を導いてしまうと考える人もいるようだが、真実は逆なのであろう。良いシナリオの想定はもちろん重要である。しかし、それ以外のシナリオも想定しておくことで、最悪の状況を避けられるのである。そして、次の飛躍につなげることができる。

　就活時の企業選択においてシナリオプランニングは有効である。将来の様々な

第14章　就活成功のヒント

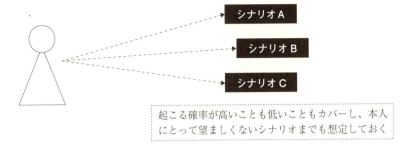

図14-2　シナリオプランニングの概念図

シナリオ（起こり得ること）を事前に全て想定し、その対応策を準備しておくことで、成功の確率は高まる。図14-2では、3通りのシナリオを掲げてあるが、実際には、それ以上の場合もある。就活におけるシナリオプランニングでは、下記の通り3グループに分けて志望企業を考えるのが現実的な方法である。

第一グループ
　第一志望の企業。複数でも良い。

第二グループ
　第二志望の企業。複数でも良い。

第三グループ
　第一志望、第二志望以外の企業で内定を得られる確率が高い企業。就活の時期が終わって、どこからも内定を得ることができないと次のステップに進めない。今後の社会は、転職が普通に行われることになる。そうであれば、必ずしも希望先でなくても、ビジネスの世界で働き始めた方が良い。何故なら、収入面のプラスのみならず、意に沿わない仕事であっても経験を積むことができ、次のステップに進みやすくなる。

シナリオプランニングを就活に適用する場合は、できるだけ漏れなく様々な選択肢を考えておくことが肝要である。よって、故郷に帰って地元企業に勤める可能性があるなら、それを第四グループとしても良い。

■事例研究　圧迫面接
　圧迫面接とは、就活生のストレス耐性を試すため、あるいは本音を引き出すため

に意図的に否定的な態度をとったり、意地悪な質問をしたりすることである。就活上級者には様々な共通点があるが、その中の一つは、"圧迫面接も含め、様々な状況を想定して準備している"ことである。企業活動においては、様々な人と接し厳しい要求をつきつけられることも多い。新人社員であっても、そのような厳しい状況を切り抜ける必要があり、その資質があるかどうかを圧迫面接で確認している。最近、面接官が特定の学生を無視するという新しいタイプの圧迫面接も存在する。自分だけ面接官から無視されると、通常はその面接で落とされたと理解し、平常心を維持できなくなる。この無視する方式は、やはり学生のストレス耐性確認のためである。尚、面接で質問を飛ばされた学生が、最終的には内定を得たケースもある。

4．過去問

　下記は様々なソースから入手した客室乗務員、GS（グランドスタッフ）の採用面接における過去問の一部である。面接で聞かれる質問は毎年大きく変わるわけではない。よって過去問に従って事前に回答練習をしておくことは非常に有効である。（順番には意味がない）

・自己紹介
・自己PR
・志望動機
・大学時代に最も力を入れたこと
・この2、3ヵ月で感動したことは
・挫折経験、それからどのように立ち直ったか
・長く続けている趣味はありますか
・客室乗務員の仕事で大変そうだと思うことは
・学業とアルバイトの両立はどのようにしましたか
・部活で学んだこと
・行きたい外国は
・何故そのスーツを選びましたか
・リーダーシップは取れますか
・大学のゼミについて
・あなたが影響を受けた人はどのような人ですか

第14章　就活成功のヒント

- 最近人に感謝したこと
- ご両親は今回の受験をどのように考えていますか
- 家からここに来るまでに何か気づいたことは
- 接客業などで喜ばれた経験はありますか
- 何故今の大学、学部を選んだのですか
- 体調管理法は
- 集団での活動において問題が発生し、それを解決したエピソードは
- 英語力について
- 最近怒ったこと
- 自分に足りないもの
- これだけは誰にも負けないという努力をしてきたことは
- 学生時代にやっておきたいこと
- 今すぐ乱闘になりそうな状況にいた場合どうするか
- 弱みをどう克服したか
- 最近受けた良いサービス
- 何故、我が社を選択したか
- 何故、客室乗務員か
- 入社後から将来に向けての目標
- 他に志望している業種・業界
- 他企業の内定状況
- 今まで一番美味しかった食べ物とその理由
- 留学について
- 尊敬する人
- 企業ブランドについて
- 客室乗務員に必要なものは何か
- 最近気になったニュース
- 体力づくりのためにやっていること
- 体力に自信はあるか
- 長所や短所
- 就活の軸
- 他人からどのような人と言われるか

- 5年後のキャリアプラン
- アルバイト先で学んだこと
- あなたが理想とする会社
- 普段から気をつけていること
- 日本人と外国人の違い
- 知人から言われるあなたの性格
- 客室乗務員の良いイメージと悪いイメージ。悪いイメージをあなたはどのように克服しますか
- 今振り返って、幼少期において、「これはおもてなしだった」と思う行為について話して下さい
- あなたを採用するとどんなメリットがありますか
- 現在の航空業界の情勢についてどのように思いますか
- 人生観について教えて下さい
- 日本のおもてなしの心とは何だと思いますか
- いままでの人生で一番の挑戦は
- ファーストクラスでは、どのようなサービスをしたいですか
- 新幹線利用者に飛行機に乗ってもらうには、どのようにすれば良いと思いますか
- 就職活動を通して発見した自分の新しい一面はありますか
- 責任感とは何ですか
- 他の航空会社と差別化を図るために、どのようにすれば良いと思いますか
- 外国人乗務員にどのように接しますか
- 最近関心をもって取り組んでいることは
- チームワークで大切にしていることは
- 友人が落ち込んでいる。あなたはどうするか
- もし、客室乗務員に神様が一つだけ力を与えてくれるとしたら、どんな能力がほしいか
- 日本人が海外に誇れる文化は
- 最近失敗したことはありますか
- 今まで何か達成したことは
- 最近受けた悪いサービスについて教えて下さい

第14章　就活成功のヒント

- あなたを漢字一文字で表すと
- 人に反対されてもやりきったこと、頑張ったことはありますか
- 座右の銘
- 好きな本、映画
- 皆の気持ちが違う方向を向いている時、どうしますか
- 年下の先輩とうまくやっていけますか
- チームの中で一人やる気のない人がいたらどうしますか
- 心のこもったサービスとは何ですか
- 誰もやりたくないようなことを引き受けたことはありますか
- どんな上司と一緒に働きたいですか
- 機内でお客様からお叱りを受けたら、何に一番気をつけて対処しますか
- 社会で気になっていることは
- アルバイト先の苦手な仲間とは、どうつきあっていますか
- 初任給をどのように使いたいですか
- 専攻で学んでいることは？　それをどのように会社で活かしますか
- アルバイトで工夫したこと
- 最近の新聞記事で気になったこと
- 涙を流すほど感動したこと、または笑ったことはありますか
- 社会人になるにあたって何かしていることはありますか
- 感銘を受けた人、エピソード
- 新しいサービスをするなら何をしたいですか
- ご両親から教わってきたことは
- 外国人のお客様は、どこに案内しますか
- 人から心温まることをしてもらった時、あなたならどのようにお返ししますか？

索　引

欧　字

ATI（Anti-Trust Immunity）　101, 115
CRS（Computer Reservation System）　64, 65, 84
EU 航空会社　117
e コマース　66
FSA（Full Service Airline）　71
GDS（Global Distribution System）　12, 65
IATA 運賃　91
LCC（Low Cost Carrier）　71
NDC（New Distribution Capacity）　12
One to One サービス　13, 67

あ　行

アライアンス　106, 107
アルテア　97
イールド・マネジメント　83, 84, 86
以遠権　173
インターライン　105
エアバス　7, 38, 39, 121, 123
オーバーブッキング　91
オープンスカイ　169, 170
　——協定　114
　——政策　iv, 109, 110, 112, 114

か　行

顔認証　155
価格差別　89
カニバリゼーション　73
カボタージュ　118, 174
キャリア運賃　91
共同事業　101
クォータシステム　169
空港使用料　81
グローバル・アライアンス　107
計器飛行方式　184, 189
航空規制緩和法　109
航空機燃料税　81
航空禁止令　42
航空憲法　49
航空法　165, 166
航空郵便法　23, 24
コードシェア　105, 115
国際航空運送協定　170, 172, 174, 175
国際航空業務通過協定　170, 174, 175
国際航空輸送競争法　109
国際民間航空会議　43, 168
　シカゴで開催された——　169-172
国際民間航空条約（シカゴ条約）　28, 43, 44, 118, 167, 168, 170, 184, 190
国籍条項　118
コンセッション　162
コンピューター予約システム　→ CRS

さ　行

シナリオプランニング　199
州内航空会社　74
ジョイントビジネス　101
ジョイントベンチャー　v, 101
スイスチーズ・モデル　139

索　引

スカイトレイン　76
スターアライアンス　49
スペースジェット　132
スポイレッジ　93
スモールトーク　195
総代理店制度　47
即時財　51
空飛ぶクルマ　2

た　行

大日本航空　31
着陸料　162
チャプター11　177
中国商用飛機　7
ツェッペリン伯　15, 16
データベース・マーケティング　61
デナイド・ボーディング　93
独占禁止法適用除外　→　ATI
ドミノ理論　129
トラフィック・ミックス　94
ドローン　1

な　行

737MAX　9
7年間の航空禁止時代　33
成田新幹線計画　158
日米オープンスカイ協定　115
日米航空協定　47
日本航空輸送株式会社　30
日本航空輸送研究所　30

は　行

ハインリッヒの法則　140
派生需要　51
ハブ・アンド・スポーク型ネットワーク　80
パリ条約　21, 165-167, 171, 184
飛行情報区　190
ビハインド　104
ビヨンド　104
ヒンデンブルグ号　18
5G　11
フラッグマン　183
ブリッジ　104
プロジェクト・キャンセル　132
ポイント・ツー・ポイント運航　80
ボーイング　7, 38, 123

ま　行

メガキャリア　6
　──3社　6
メタルニュートラル原則　102
モンゴルフィエ兄弟　165

や　行

有視界飛行　183

ら　行

レーダー管制　186
レベニュー・マネジメント　83
ロイヤルティ・マーケティング　62
ローカル　104

●著者紹介

井上泰日子（いのうえ・やすひこ）　獨協大学特任教授、著述家、旅行家

京都大学卒業。在学中京都大学留学生友の会会長として外国人留学生の支援、交流活動を行なう。東京工業大学社会人教育院MOT 修了（2012年）。1974年日本航空入社。マーケティング、宣伝、広報、グループ企業経営管理、人事等に従事。米国ワシントンDC、ニューヨーク、シンガポールに合計10年間駐在。2010年に人事部研究開発室部長を経て日本航空退社。ニューヨーク本社のJapan Network Group 上級副社長、金城学院大学客員教授等を歴任。講義実績のある大学は、（現在継続中の大学も含め）早稲田大学、青山学院大学、東京大学、立教大学、東京都市大学、立命館アジア太平洋大学など。専門は、航空事業、キャリア教育、ツーリズム、マネジメント等。数年間にわたり合計1000人を超える学生の個別面談を実施し就職活動や学業についての指導を行った。海外55か国を訪問。日本旅行作家協会会員、進化経済学会会員。父方の家系は徳富蘇峰、徳富蘆花の血縁。

主な著書：『航空事業論』（2008年、日本評論社）、『新航空事業論』（2010年、日本評論社、ツーリズム学会大賞受賞）、『最新｜航空事業論』（第1版2013年、第2版2016年、日本評論社）、『急変する世界下のエンプロイアビリティ―豊富な事例から導くキャリア形成のヒント』（2018年、丸善プラネット）

最新｜航空事業論［第3版］
エアライン・ビジネスの未来像

2013年 2月10日　第1版第1刷発行
2016年12月10日　第2版第1刷発行
2019年10月20日　第3版第1刷発行

著　者——井上泰日子
発行所——株式会社日本評論社
　　　　　〒170-8474　東京都豊島区南大塚3-12-4
　　　　　電話　03-3987-8621（販売）、8595（編集）、振替　00100-3-16
　　　　　https://www.nippyo.co.jp/
印　刷——精文堂印刷株式会社
製　本——株式会社難波製本
装　幀——林健造
検印省略　© Yasuhiko Inoue, 2019
Printed in Japan, ISBN978-4-535-55948-6

JCOPY　〈(社)出版者著作権管理機構　委託出版物〉
本書の無断複写は著作権法上での例外を除き禁じられています。複写される場合は、そのつど事前に、(社)出版者著作権管理機構（電話 03-5244-5088、FAX 03-5244-5089、e-mail: info@jcopy.or.jp）の許諾を得てください。また、本書を代行業者等の第三者に依頼してスキャニング等の行為によりデジタル化することは、個人の家庭内の利用であっても、一切認められておりません。